叢書
宗教とソーシャル・キャピタル 3

ケアとしての宗教

葛西賢太／板井正斉［編著］

明石書店

刊行にあたって

櫻井義秀・稲場圭信（叢書「宗教とソーシャル・キャピタル」責任編集者）

二〇一一年三月一一日、日本は東日本大震災と福島原発事故を経験した。一年半経った現在も被災地域の復旧は滞っており、復興の将来像を明確に描く政治的イニシアチブも十分ではない。にもかかわらず、震災直後から東北の地域コミュニティは結束し、国内外のNPO／NGOとボランティアが被災地を支援し続けている。ソーシャル・キャピタル（社会関係資本）こそが、防災と福祉を可能とする地域コミュニティの核となる。

ポスト福祉国家以降の社会政策においても、社会関係資本を活用したソーシャル・サポートの重要性が指摘され、行政もソーシャル・キャピタルの醸成に努めている。しかしながら、家族・地域・職場に関わる人間関係が希薄化し、「無縁社会」とまで言われるようになった現代社会のどこに活用可能な社会関係資本があるのだろうか。

本叢書では、互恵性や人間・社会への信頼を醸成する宗教倫理や宗教団体による社会事業にその可能性を見いだせないかと考えている。近年、欧米では宗教団体に関連した民間団体（Faith Based Orgnization）の社会活動が着目され、アジアでは伝統的に宗教団体による福祉活動は大いに期待されている。それに対して、日本では宗教が公共領域に関わることに抵抗感が強く、宗教団体も社会問題に正面から関わることを恐れてきた。

現在、現実の社会問題に向き合うべきだと考える宗教団体や宗教研究者が少しずつ増えてきている。二〇〇五年から「宗教の社会貢献活動」を考えるものたちが集まって討議し、調査研究をなしてきた。その成果をアカデミズムのみならず、現代のソーシャル・キャピタルを考える全ての人々に示すことで、現代日本の復興に資するソーシャル・キャピタル論を構築したいと考えている。

昨今のように政治や社会政策への失望が強いときには、宗教的理念や実践に閉塞感の打破や癒しを求める言説がメディアに登場するようになる。危うい時代である。現実に宗教思想や宗教的実践がどのような社会活動や社会事業を生み出し、社会関係資本を構築してきたのか。そうした事実をふまえた上で、宗教がソーシャル・キャピタルになるのかどうかを、アジアの宗教、地域社会、ケア、震災復興という四つのテーマを通して多様な諸宗教の実践例から多面的に捉えようというのが本叢書の目的である。

まえがき

葛西賢太

ケアとは、ひとやものを気づかい、世話すること。気づかいや世話のやりとりは、これまで縁のなかった人々の間に橋を架け、縁のあった方との絆を強めなおす。気づかう対象は、他者だけではない。他者を気づかうには自分の内面も参照する必要があるから、結果として、知らなかった自分と出会えるよろこびもある。

ほ乳類の中でも、人間はもっとも未熟な状態で世に産み落とされ、手厚いケアを受けなければ生存すらできない。未熟な状態は、ケアを通して文化を習得する余地を残すためでもある。人間は何百世代も、与えられたケアを次世代に与え返し、社会を再生産してきた。私たちの生とあまりに密着しているので、「母性本能」などと、ケアは生得的に備わっているかのように言及されることが多い。しかしながら、動物行動学などの成果が明らかにしてきたのは、生得的な機能だけではケアを維持できないということだった。ケアをケアとして成り立たせる複雑な文化なしには、そしてその文化を体得して遂行しうる程度に安定した自己なしには、継続的なケアはなかなか難しい。たとえば、機能不全家族や共依存、虐待などの問題は、ケアが自然発生する本能ではないことを示している。

社会学者の上野千鶴子はケアを「依存的な存在である成人または子どもの身体的かつ情緒的な要求を、それが担われ、遂行される規範的・経済的・社会的枠組みのもとにおいて、満たすことに関わる行為と関係」[1]と定義する。人類史のはじめからケアは家族や共同体の中で変わりなく行われてきた自然な善行である、という先入観を上野も覆す。本来育児を対象として生じたこの語が、寿命の延長によって高齢者をも対象とするように至ったことを示し、近代においてそのコスト（経費や労働など）は誰によって担われてきたか・担われるべきかを問い直すのだ。上野の問いに合わせて考えてみたい。担うのは本人か、家族か、専門家か。そして、そこには宗教者はいるか。本書『ケアとしての宗教』は、ケアをケアとして成り立たせる複雑な文化の一つとして、宗教者の諸実践を検討する。

宗教は、倫理・道徳の枠組みを提供し、ケアの遂行を人々に提案する。また、その枠組みは、外部から個人を枠付けするのみでなく、内面に取り込まれて、自律的自発的に、自らの意志としてケアに従事するように人々を導く一面をもつ（ケア規範化機能）。

ケアを自然な善行とみる先入観の再生産には、宗教も関わった。ところでケアは、生得的な社会的能力を深く前提としている。観察力の優れた宗教者であれば、自然のままでケアが身につくものであるという先入観は、当初から疑ってもいるであろう。

善行を求める規範だけが人をケアに従事させるのではない。自己効力感や自己評価――自分が何らかの役に立っており、存在意義があると実感できること――は、他に代えがたい報酬と感じられる。一方、ケアできない・ケアの受け手側にまわることは、退屈のみならず悲しみや失望を生み出すこともある。他人の役に立ちたいということは、道徳的強制の内在化であるだけではなく、宗教活動の中核をも支える感覚である。しばしば、それがお節介として嫌がられることもあったとしても（ケアによる自己評価強化機能）。

本書では、このような「ケアする当事者の感覚」――橋が架かり、絆が強められる、ソーシャル・キャピタルとしての感覚を文字にすることを目指した。そのため、叢書の中では他の三巻と異なり、研究者だけではなく宗教者にも、当事者の感覚を語ってもらった。

ソーシャル・キャピタルとは社会的な信用を資本と見なす概念である。叢書の関心に引きつけていえば、「宗教者は社会に貢献する」という信用の蓄積は、社会にとっても宗教集団の側にとっても有用な財産である。その場合、外から見た集団の信用蓄積という効用だけでなく、ケアを行う当事者の辛苦や工夫や、同時に彼らが味わう達成感や充足感などの主観的体験も、本書では、ソーシャル・キャピタルを支える力として重視するのだ。

本書は、ソーシャル・キャピタル概念の研究者ロバート・パットナムのモデルに触発されている。彼はソーシャル・キャピタルを「結束型」(排他型)と「橋渡し型」(包含型)とに区別する。結束型は、メンバーを選択するなど「内向きの指向をもち、排他的なアイデンティティと等質な集団を強化」するため、内部への忠誠心とともに外部への敵意をも生み出す可能性があるが、「特定の互酬性を安定させ、連帯を動かしていくのに都合がよい」。一方、橋渡し型は「外部資源との連繋や、情報伝播においてすぐれて」おり、外部からの刺激も取り込んで、個人や集団のアイデンティティを拡張し、社会の潤滑油となる。パットナムは、多くの集団が結束型と橋渡し型のこの両面をもち使い分けていることを付記している。[2]

他者なしでは成り立たないケアは橋渡しの好機である。専門分化が進みすぎ、越境が困難で、間隙に見捨てられた人々を生み出す現代社会。宗教には、個人の公的領域に顔を出さぬように慎みと棲み分けが求められる。ケアは、人間の苦境《ニーズ》に、専門間(そして宗教間の)壁を越えて手を差し伸べ、介入のきっかけをつくりだす。

本書の概要

本書は三部で構成されている。第Ⅰ部は、宗教のケアが「橋を架ける」機能に着目した三つの章、第Ⅱ部は、宗教のケアが「絆を強める」機能に焦点を当てた二つの章である。第Ⅲ部は、ケアの担い手の過去・現在・未来と宗教との関わりを考察した鼎談であり、これは、第Ⅱ部の後に配置されている。さらに、宗教のケアの現場での事例をとりあげる三つのインタビューをⅠ部と

Ⅱ部の後にコラム的に配置している。

第Ⅰ部の最初は、金澤豊と真名子晃征による「教誨師と更生活動」。米国の軍隊や病院に常駐する宗教的な傾聴者・チャプレンに相当する日本での職能者が教誨師である。チャプレンが広く社会から認知される有給の資格であるのに対し、教誨師は無給の名誉職であり、活動の場所も刑務所や少年院などの矯正施設の中に限定される。法務省の管轄下にある彼らの活動は、一部を除き体系的に語られることが公にはなかった。

第二章は、牧会カウンセラー柴田実による「スピリチュアルケアのプラクシスとその宗教的基礎」。柴田は、チャプレンたちに詳細な聞き取り調査を行い、彼ら・彼女らがもつ「キリスト教的背景」の実際について詳述する。困難な状況に患者とともに向き合うために必要な「力」や、苦しい問いに対する答えが、祈りから引き出されると、柴田は力を込めて語る。

第三章は、宇野全智・野呂靖という二僧侶による「自死対策における宗教者の役割」である。一九九八年以降、日本の年間自殺者数が三万人を超えている現状。傾聴トレーニングを受けた僧侶が、自殺念慮者のための相談ダイヤルに取り組む。葬儀と年忌法要で遺族にかかわる大義名分をもつ僧侶が、自死問題に重要な貢献をなしうるため、意識改革も試みる。

第Ⅱ部は、宗教のケアが「絆を強める」機能を俯瞰する。

第四章、金子珠里「ソーシャル・キャピタルとしての天理教里親活動の可能性」は、同教団が継続的に取り組んできた事業についての論考。教会の里子になれば、日々の儀礼に参加し、教会長家族のみならず教会員に包まれ、信者としての訓育の中に身を置くことになる。支え手である教会長夫妻たちの実体験やその意義に踏み込んだ考察である。

第五章「鎮守の森に保育園があることの可能性」は、保育・幼児教育の場にあずかる神職である室田一樹が、神社に隣接するという情操的環境について説く。氏神と、氏神に見守られる氏子たる住民たちとによって構成される、地域に密着した神社。杜《もり》をそなえた保育・幼児教育施設での絆が、「有り難さと煩わしさ」の双方をはらむ意義を、室田は示す。

三つのインタビューの筆頭は、宮城県で在宅緩和ケアを行ってきた医師・岡部健（二〇一二年九月末に逝去された）。高率の「お迎え」現象を前に、現代医療の科学的客観性を厳守しつつ、宗教儀礼や宗教的世界観の意義も尊重する、超宗教的なケアの仕組みを提案する。

福島の霊山《りょうぜん》神社宮司である足立正之は、自身の入院療養中に請われて末期患者の傾聴を手伝う。周囲の人々の生死を、かみしめて確認するように語る足立。神道的な時間観・生命観を背景にした彼の体験は、現代人にも共有できる普遍的な文化資産でもある。

櫻井治男は皇學館大学教員である。現代人の効率主義的価値観を、「物くさ太郎」という有名な説話を通して再考させる。この説話を通して櫻井は、ケアの受け手と与え手の関係が、入れ替わりもありうる互恵的なものではと問いかける。

第Ⅲ部となる鼎談は、日本のチャプレンの草分けであり多くの後進の指導にもかかわっている窪寺俊之、社会福祉現場でのチャプレンを養育指導し、前述の柴田とともに実態調査も行った深谷美枝、専門化制度化が高度に進む医療現場において人間性尊重の思想を確立させようとする宗教学者の安藤泰至を迎える。

最初に窪寺から、米国における臨床牧会教育とチャプレンの位置づけが示される。深谷は、制度確立努力の現状や、活動を支える教団との関係、「超宗派」理念など、日本での実現状況を述べる。安藤は、病院の中での彼らの働きの位置づけや、医療者の業務との連携・対立を問う。

日本の宗教界に拠点を置く諸研究者をつなぐ教団付置研究所懇談会という集まりが、創立以来一〇年を超える活動を続けているが、本書を編むにあたってはそのご縁にたすけられた。

ケア現場では、宗教ゆえの強みも弱みも突きつけられる。「罪責感」のケアでは、宗教に一日の長があるが、自己犠牲を追究しがちな宗教者には健全な自己管理を導入するという課題もある。強みと弱みを見据えて、強みを活かす、本書がその一助となりえたら幸いである。

［注］

1　上野千鶴子『ケアの社会学』太田出版、二〇一一年、五頁。

2　ロバート・パットナム『孤独なボウリング――米国コミュニティの崩壊と再生』柏書房、二〇〇六年、一九～二一一頁。

ケアとしての宗教　目次

総説　橋を架け絆を強めるケア

板井正斉・葛西賢太

1　問題意識の「古さ」と「新しさ」

「まえがき」で示したように、本書の狙いの一つは、宗教者によってケアがケアとして成り立っている事例や、ケアの関係性に宗教性が介在する事例から、「ケアする当事者としての感覚」へ焦点を当てることである。しかしながら、まずその前提となる宗教者の主体的なケア実践は、果たして宗教によることの意味を社会一般にどれほど認識されているのであろうか。

福祉につながる社会資源

卑近な例で恐縮だが、地域で福祉課題を考え合う際に、板井がよく利用するワークがある。まず、支援の必要性が高そうな課題を一つ挙げて、用紙の中央に書き出す。次に、その周りに課題へ関わるあらゆる社会資源を思いつく限り並べて、それぞれのつながり度合いを線の太さで表しながらつないでいく。最初はありきたりの専門職（医師とか、ケアマネージャーなど）が出てくるのだが、課題のあらゆる要素をていねいに思い起こすことで、多様な存在が関わっている事実への認識が深められていく。

そうやって時間をかけながら考えつくした結果、課題を取り囲むように社会資源の輪ができ、それぞれが複雑な関係性を太線や細線で織りなしていることを視覚的に理解できる。板井の仲間内ではこれを「太陽のワーク」と呼んでいる。

興味深いのは、課題に直接的な関係性を持たないような、線の細いちょっとしたかかわりからも有効なアプローチを思いついたりすることだ。そしてワークを行うグループの構成（職種や立場）が多様であればあるほど、ハッとする思いつきが出てくることも経験的に多いように感じている。福祉の活動で「気づく」こと「思いつく」ことは、小さなものを拾い上げるという点で、その中核に関わるということはいうまでもない。

強い結合、弱い橋渡し

ソーシャル・キャピタル研究において重要な理論の一つに社会学者グラノヴェターの「弱い紐帯の強さ（strength of weak ties）」がある。社会的な人間関係を「強い紐帯」と「弱い紐帯」に分類し、仕事上の有益な情報は、身近でつながりの強い個人より、直接会う機会の少ない弱いつながりからもたらされることを労働者の求職転職の満足度から実証した[1]。

グラノヴェターの「強い紐帯」と「弱い紐帯」は、政治学者パットナムによるソーシャル・キャピタルの分類において「厚いソーシャル・キャピタル」「薄いソーシャル・キャピタル」という「程度」の差として位置づけられている。パットナムの分類に従えば、「強い紐帯」は、いわゆる「結合型（bonding）」としての性質を有して、フォーマルな形態を持ち、内部志向の強いつながりに分類される。その一方で、「弱い紐帯」は「橋渡し型（bridging）」といわれ、インフォーマルな形態で外部志向の強いつながりとされる。

ともすると結合型のつながりは、強い結束力を持ちながら、排他的で硬直的な組織としての弊害をもたらし、橋渡し型のつながりは、弱さゆえにその持続性に課題を持つことになりやすい。それでも、結合型と橋渡し型のつながりをバランスよく取り入れることが、ソーシャル・キャピタルの活性化へつながる可能性を高めるとされる。

ケア現場で目立たない宗教

先程の「太陽のワーク」にもどろう。細い線によるつながりや、多様な立場からのフラットな関係性による作業が、意外にも新鮮な解決方法を導き出すこともあるという経験則は、以上のようなソーシャル・キャピタル研究からも解釈が可能といえる。たとえば、弱いつながりの橋渡しも、ケアの現場に新しいものをもたらしうる、というわけである。

ところで、ここで一つ気になる点がある。「太陽のワーク」を一般の市民や学生を対象に行うなかで、数多くの社会資源の中に宗教者や宗教施設は取り上げられにくいという点である。立場や専門を超えたつながりの多様性こそ、ケアの可能性を高めることを理解していながら、なぜその多様性の一つとして（も）、宗教が出てこないのだろうか。

おそらく、宗教とケアの両者のつながりが社会的に認知されるまでには至っていないのが現状なのだ。そもそも、ともに主観的体験を重視する宗教とケアの関わりに、社会的な認知など必要ない、といえないこともない。もちろん、宗教者や宗教教団がケアとの直接的な関わりをもつことで、内向きには、神学教学的な意義の解釈が加わっただけでなく、援助者である宗教者のモチベーションを高めることにも重要な役割を果たしてきた。それでも、ケアによる課題解決が、現代社会の多様なレベルで求められているいま、「宗教と社会の互恵性」の中身を双方向から問うことがより重要となってきた。すなわち、宗教者や宗教学者が、宗教の側からのみ社会とのつながりを捉えるのではなく、また他の援助者や受益者が、社会の側から表面的に宗教を捉えるだけでもない。たとえば、宗教とケアをめぐるこれまでの宗教学者の理論は、ケアが多様であるのにもかかわらず、自らの関係性を狭く捉えがちな宗教者の姿を反映しているのかもしれない。それが特定の宗教集団についてのモノグラフ、という初期設定から自然に導かれるものであったとしても。

その一方で、約七割にも及ぶ特定の信仰を意識せず、特定の宗教教団にも所属しない一般市民を対象にするとき、社会の側から宗教の社会的役割をいたずらに単純化して捉えるだけでは十分とはいえない。より一般化した文脈から、いわば隠された聖性や宗教性を論じようとする視点も必要になろう。

「ケアする当事者としての感覚」からあらためて社会とのかかわりをふりかえることで、宗教とケアの「古くて新しい」社会的役割を浮き彫りにできるのではないかと考える。

ケア時代における宗教と社会の〈適切な〉関係性を考える

「宗教と社会の互恵性」とは、宗教の社会貢献研究において提示された視点の一つである。この視点は、反社会的カルトの問題等によって硬直した宗教と社会の関係性に対して、新たな切り口から積極的な社会的役割への議論を可能にするものである。これまで議論の中心になりにくかった、様々な宗教者や宗教教団のささやかな福祉的活動から、組織的先駆的な社会活動の展開までに、目を配る。宗教の社会貢献はしないよりしたほうが社会にとって有用だ、という程度の理解から、その意義も課題も問題性もとりあげることへと展開している。

ここであらためて「宗教と社会の互恵性」[2]を吟味することの意義はなんだろうか。宗教が貢献しようとする社会一般から見れば、宗教者や宗教教団の活動といっても、冷静にみれば多様な活動主体・事業体の一つにすぎないのであり、それ以上でもなければそれ以下でもない。もちろん宗教の独自性を過小評価しては、ソーシャル・キャピタルの醸成など期待もできなくなるが、ことさらに評価しすぎることもまた、活動の受け手側から見た〈適切さ〉を見誤ってしまう危険性を孕んでいる。

そこで、あくまでも「互恵性」を重んじる考え方から宗教と社会とのバランスのとれたフラットな関係性を仮定し、お互いの間に生じるケアの課題に注視することで、その〈適切さ〉を見いだすことを試みたい。

なぜ、ケアなのか。ケアの語の原義は、気にかけるということから世話まで幅広いので、人と人の関わりの中に生じる様々な生活課題や社会課題と向き合うことをひとまずケアの最広義と捉えてみよう。ケアという言葉がここまで社会一般に共有されるようになったことは、現代社会ならではといえる。たとえば、ケアを専門的に担っている福祉領域の動向から振り返るのがわかりやすい。すなわち、近代以降の先駆的な社会事業を淵源とする社会福祉制度の確立や、ノーマライゼーション、バリアフリー、ユニバーサルデザインといった、ケアの援助者と被援助者の格差をフラットにすることを企図した新たな概念の登場と浸透、そして少子高齢化をはじめとしたケア需要の増加という課題の深刻化などがあることはいうまでもない。

そもそも近代的な「福祉」観は、社会のメインストリームからこぼれおちた課題を見逃さず目を向け、手を差し伸べ、時には体制への抵抗も辞さない「命がけの活動」としての意味を強く含みながら立ち上がった。その後、戦後の制度化によって「福祉」は、「社会とともに活動」することをへて、最近では「お手軽・お気軽な（ボランティア）活動」を目指すまでに至った。もっとも象徴的には、現在、全国どこの自治体でも「福祉でまちづくり」を標榜していることが挙げられる。

ここまでケアが社会一般的な課題として認識されるようになったのであるから、ケアという視点から宗教と社会との〈適切な〉関係性を見据えることは、宗教社会学などのテーマに加えられるだけでなく、それら宗教諸学が福祉学や看護学や医学と対話するためのテーマともなってくる。

ケアする者とケアされる者との関係性

それに加えて、ケアの課題を考えることは「ケアする者」と「ケアされる者」との関係性を論じるということでもある。この関係性については、社会福祉学における援助実践の研究史、すなわちソーシャルワークの研究史を振り返ることから考えよう。

その端緒の一つとして、「ソーシャルワークの母」と呼ばれるメアリー・リッチモンドは、一八九〇年代アメリカでのCOS（慈善組織協会）による「友愛訪問（friendly visiting）」で、貧しい人々の「真の友人」となって接することを強調した。ソーシャルワークとは、狭義には社会福祉援助技術ともいわれるように、被援助者に対して援助者が用いる専門的な技術や知識の体系を指し、広義には援助関係そのものを捉える。ソーシャルワークは、その確立当初から「ケアする者」と「ケアされる者」との援助関係に高い問題意識をもってきた。リッチモンドは、「ケアする者」の専門職化が高度に進んでいくことによって作り上げられた「ケアされる者」との一方向的な援助関係（「権力」）に疑問を持ち、あえて「友人」を目指すことで、欠落した関係性を補完しようとした。いうまでもなくリッチモンドのこの指摘は、彼女の提唱から一〇〇年を経た現在においても進行中の課題といえる。

リッチモンド以降も、ソーシャルワークはケアする者とされる者との関係性を論じてきた。権力的な診断主義を疑問に付し、被援助者自身を取り巻く関係性の改善を目指しながら、時に指示的に、時に寄り添いながらも、契約によるホスト・ゲスト関係の社会制度化も進めてきた。「ケアされる者」を中心にした「ケアする者」の立ち位置は、その周囲を上から横へ、さらに下へとぐるっと一回りしてきたともいえるのである。そこからは、キリスト教的な隣人愛などをモデルにした関係性が普遍的でないことの確認や、個々のケースの「個人因子」のみならず、それを取り巻く「環境因子」をも視野に入れたより複雑なパースペクティブ構築への展開でもあった。

またそのような立ち位置の追求は、福祉専門職、すなわち「ケアする者」の側の視点に留まらず、「ケアされる者」の声にこそ耳を傾け、意見を尊重することにも、愚直に取り組んできた結果でもある。ともすると聞き逃しがちな「ケアされる者」の声を言語レベル・非言語レベルで傾聴し、「ケアされる者」の視点をひとつの文化として捉えようとする流れは福祉文化論や障害学などの新たな成果へとつながっている。病者が自身や医療者を規定し直す「浦河べてるの家」のような運動も現れている。

とりもなおさず「ケアする者」と「ケアされる者」との関係性は、双方の立場を尊重しながら、まさに粘り強く問い直されてきた。

被援助者との相互性を見落とさない

援助関係は、ソーシャルワーク以外にも心理学・医学など臨床系の領域や哲学・倫理学など思想系領域での興味深い蓄積があるが、ここでは、宗教哲学者マルチン・ブーバーと、臨床心理学者カール・ロジャーズの有名な対談を手がかりに援助関係の相互性・非対称性を論じた稲沢公一の先行研究を参考にしながら、[3] 本書の関心である「ケアする当事者としての感覚」について考えてみたい。

あらためてブーバーとロジャーズの対談を私たちの視点から要約するならば、ブーバーが著書『我と汝』において理念型として提示した人間関係モデル「我—汝」と、ロジャーズのクライエント中心主義による援助関係との比較、といえるだろう。[4]

ブーバーは、ユダヤの対話哲学の立場から、「我—それ Ich-Es/I-it」関係と「我—汝 Ich-Du/I-thou」関係という、理念型を提示した。いうまでもなく、他者をもの扱するのではなく「あなた」として正面から扱う「我—汝」関係が、神と人間との関係としても対人関係としても理想とされるのである。一方ロジャーズのクライエント中心主義とは、クライエントに指示しない、援助者（カウンセラー）は受け身である、ということにとどまらない。より積極的にクライエントの体験をあるがままに尊重し、無条件の肯定的配慮と共感的な理解をもつ態度を、援助者がそのままクライエントに提示していく（自己一致）という立場であり技法である。

この二人が対談したら、さぞや深いやりとりになるだろうと期待されたのだが、実際にはそうならなかった。ロジャーズは、援助者がクライエントとの援助関係の中で「うまくいったと思う瞬間」と、ブーバーの「我と汝」関係とが重なるのではと提起する。ところが、ブーバーは一貫して、援助関係における援助者とクライエントそれぞれの「状況」は対等でないという立場を譲らなかった。両者の対話は最後まで重なることはなかったのである。

稲沢は、この対話のズレを、両者の規定する「相互性」の違いに求め、テニスに例えて次のように説明する。すなわち、ブーバーのいう「我と汝」の完全な相互性とは、同等の力量をもつプレイヤー同士のラリーであり、カウンセリング的な援助関係とは、コーチが初心者に合わせることでラリーが続いているように見えるようなものである。それに対してロジャーズは、コーチに合わせてもらい打ちあうこと自体に相互性を認め、そのうちに力量を上げた初心者が思いもよらぬボールをコーチへ打ち返すことが決してまれでないことを経験的に理解しているのだと。[5]

稲沢は、ブーバーの二つの相互性モデルについて「援助する主体から援助される客体への一方向的な作用」[6]（我―それ）という面に積極的に着目すると、教師―生徒、医師―患者、聖職者―信徒といった非対称な対人関係だからこそ、援助という目的に対する有効な手段として機能している、と確認する。彼は「クライエントを無力な弱者、一方的に援助されるばかりの存在として、ステレオタイプ的なとらえ方しかしていない」[7]点にブーバーの限界を指摘する。

それに対して、クライエントが一方的に援助されるだけの存在なのではなく、クライエント自らが「ポジティブな方向に向かおうとする力を有し、援助者を活用して自分自身に出会っていくような存在」[8]として、援助関係において非対称が崩れる可能性を目配りした、ロジャーズの相互性概念を重視する。

この対談および稲沢の考察は、「ケアする当事者としての感覚」の見直し、宗教の社会的役割の〈適切さ〉を考える重要なヒントと考えられる。ブーバーの「我―それ」「我―汝」モデルは、援助関係をめぐる相互性を、一定の固定された立場から、私たちの関心でいえば宗教者や宗教教団の立場に着目してケア実践を論ずる、従来の研究視点と重なる。つまり、立場性を固定的に考える援助関係モデルからは、援助関係の互恵性（私たちの関心からいえば宗教と社会の互恵性）を限られた視点でしか捉えられない。その一方で、ロジャーズの視点は、「援助者にはコントロールできないクライエント自らの力」を考慮に入れつつ、それは特定の宗教教義などを超えて立ち現れる、いわば宗教性をも論じる視点を示唆し、ケアにおける宗教性の担い手として、クライエントの側を重視する可能性を開くのである。

クライエントに内在された力とは、援助者とのどのような関係性・相互性をもたらすのだろうか。ロジャーズは、クライエントを助けたいという援助者の意思は援助関係の契機として必要ではあるものの、時間の経過とともにその目的は背景に後退し、クライエントがクライエント自身の力に気づくことが理想的な援助関係であると述べている。[9]ケアの与え手が消えて、クライエント自身の力に気づくとは？　宗教者や宗教教団による体系化されたケアだけではなく、直接的なケア実践に関わることのないような宗教から、はたまた「スピリチュアル」と呼ばれる疑似宗教的実践のような極私的宗教性からのケアの可能性も、ケア研究の視野に含めながら論じることの可能性を示唆しているのではないだろうか。

2 宗教がケアと関わる

さて、ケアの当事者（与え手と受け手双方）の体験を理解し、また、宗教と社会の互恵性の〈適切さ〉とはなにかを考えるためには、どのような問いかけをすればよいだろうか。

宗教固有の価値は？

宗教の第一義的機能は、様々な救済財（宗教活動の結果として、心理的、そして時に身体的・物理的に得られるもの、としておく）の提供にあるといえる[10]。これらは宗教組織の内部に分与されるだけではなく、宗教者の社会での様々な活動を通じて、外部の社会にも分与される。その際、宗教の活動がどの程度公的に捉えられるかは、その社会や個人によって異なる。宗教者が、その宗教性を明示的に背景として組織的に活動する場合（たとえばキリスト教伝道団のホスピス運営や、エジプトのムスリム同胞団の貧困者受け入れ病院運営）もあれば、あるいは職業的使命感に転化して公的には宗教性を伏せながら職業としてケアに携わることもある（日本社会ではそうした例も枚挙にいとまがない）。外側に現れる活動はともに公的であるが、前者では宗教的な背景をもつ行為として、後者では職業的な倫理の現れとして受け止められる。それでも職業的倫理に昇華統合される宗教性が背後にはある。

宗教によって培われ外部に提供される人材が、どのような関心をもってケアに関わるか。このことは、その宗教が提供しうる救済財とつながっている。本項では、人材養成という観点から、宗教は固有の価値を発揮できるのかを問うていきたい。

宗教一般の価値を云々するには、個々の宗教は多様すぎる。とはいえ、まず、長所を想定してみよう。

特定の信仰対象を強く保持する人なら、利他的な精神や、克己心や貫き通す信念も強いと期待されるだろう。人間は傷つきや苦悩から逃れられないという前提のもと、受容させ昇華させる方法や支援が救済財として提供される宗教もあろう。また、傷や苦悩の経験が、同様の人に共感できる能力へと転化されることもある（傷ついた治療者）。活動を加速する宗教の一方で、心のゆるやかな構えや情緒を重視する宗教も、また、慈悲（利他行動）とともに智慧（観察力）を重んじる仏教のような宗教もある。何かしなければいられないという共感を即座に行動化せずに、ためつ制して、全体視を促す落ち着きや、長期的総合的な理想を描く力、そして、柔軟に目的や道具を調整する力などを培うために、瞑想実践を行う人々もいる。

どのようなケアであっても、的外れだったり拒絶されたりし、受け手から強い反発、批判、のみならず攻撃を受けることもある。[11]さらに重ねて、宗教者がケアの場にいる場合の難しさも指摘しておかねばならない。ときにケアの与え手の宗教が批判の標的となることもある。ケアが受け入れられないことに対する無力感や怒りが、ケアの与え手側を追い込んだり、ケア現場における暴言や虐待につながったりしないよう、自制が必要だ。ケアの与え手側の未完の課題（「父親の晩年に冷たくしたことへの罪責感」など）が、ケアのバランスを崩すこともある。ケアの担い手が悪循環に陥り、倒れたり孤立したりすることも少なくない。[13]絆を強める機能は、結束にも束縛にも強制にも展開しうる。ケアの負担は特定のジェンダーに偏りがちな特質を持っており、宗教はそれを是認も促進も、そして制止もしうる。[14]宗教者が「陰徳」としてケアを行うことは、ケアのコストを忘却させるデメリットもはらむかもしれない（第四章も参照）。

宗教者の社会貢献活動では、コストに頓着しない価値観が好まれることもあるが、コストを自覚し、持続可能を目指す問題意識は不可欠だ。緊急時はコストを度外視しなければならないが、社会の急激な成長のおこぼれも期待できない低成長の定常期に、なおケアを要する人々にケアを提供し続けるためには、工夫が必要である。たとえば、社会事業を宗教実践の中核におく救世軍は、信者の献金に負うだけでなく、事業の受益者から一部経費を回収することによりモチベーションを高める工夫にも心を砕いていたように。[15]

人材育成のビジョン

どのような人物を育てたいか、どのようなスキルを身に備えてほしいか、あるいはどのような人物像[16] Character を理想と考えているか、人間の円熟とは何かといった問いに、それぞれの宗教は異なる答えをもっているだろう。

開祖の人物像は最重要のモデルになるだろう。イエスやその弟子たちの示した自己犠牲は、クリスチャンの範であろうし、預言者ムハンマドの「正直さ」「弱者への寛大さ」はムスリムの役割モデルの中心にあり、手放す自由を楽しみ相手に応じた闊達な説法を駆使する釈迦は、多くの仏教徒にとってあこがれとなるものである。現代における人物像は当然単一ではなく、開祖や中興の祖や、時代や年代のちかい身近な指導者を模範として、ジェンダーや学歴や職業や資格や年代や時代に応じて、多様な読み替え・組み替えが行われているはずだ。[17] そして、諸宗教が横並びに共存している。そんな現代に、「ケアする人物像」に焦点を当てると、どのようなモデルがあるだろうか。

この観点から興味深いのが、米国の軍や病院の施設にてケアを行うチャプレンという専門職である。キリスト教の牧師の資格をベースにした聖職者・宗教的職能を担いながら、伝道への意欲を自制し専門的な訓練を重ねてケアに特化し、自己犠牲のみならず自他の心身の健康への配慮をそなえるという、ユニークな存在である。[18] 日本における教誨師や、スピリチュアルケアワーカー、そして昨年東北大学が育成を開始した臨床宗教師も、このチャプレンがベースになっている。

チャプレン資格およびその応用版の諸資格は、伝道という重要な再生産機能をいったん脇に置く点で、また、教団外部に開かれ広く吟味しうる公的な資格を人材育成の重要要素と見なす点で、宗教におけるケアモデル、ソーシャル・キャピタルとしての宗教の、一つのモデルケースともいえる（鼎談参照）。

当事者の体験理解とケアの倫理

ケアを受ける当事者の視点を導入することで、「ケア」の質を吟味し担保しようとする動きがある。たとえば、障害者の自立生活運動や、断酒自助会 Alcoholics Anonymous に触発された、様々な自助会、患者会、家族会などの小集団運動である。

旧来の「ケアの倫理学」は、ケアは基本的に善意にもとづく善行という前提での立論であった。しかし、ケアの受け手がしばしば与え手に対して無防備であることを考えると、ケア現場における虐待や、虐待に至らなくともある種の支配関係・権力行使は（ケアの与え手がそれを避ける善意の努力を払っても）完全に取り去ることは難しい。そもそも、ケアの与え手と受け手は他人であるから、双方の善意がすれ違うミスマッチは避けがたい。この点を踏まえ、上野千鶴子は、①ケアする権利、②ケアされる権利、③ケアすることを強制されない権利、④（不適切な）ケアをされることを強制されない権利、の四つに配慮することを勧める[19]。

上野の提案に賛成した上で、ケアの授受の理想型以外の観点から、当事者の体験に焦点を当ててみたい。障害者の自立生活運動は様々なテーマを含んでいるが、その一つは、ケアの受け手から与え手への遠慮を、徹底して排除してみる試みである。生命維持にもケア・ボランティアの存在を必要とする重度障害者が自宅の外の世界を当たり前に体験するためにこのような運動を模索したのだった。[20]ついで、一九三五年に始まった断酒自助会Alcoholics Anonymous（以下AA）とその前史から、宗教を応用した断酒の失敗例と成功例を検討しよう。AAは、アルコール依存症に苦しむ当事者たちが、当事者同士で助け合う（とくに新参者の世話をする）ことにより断酒を継続していくという会である。[21]

AA以前に、アルコール依存症者を立ち直らせようとして、道徳的・宗教的説得を行う試み、あるいは共同体全体からアルコールを排除する禁酒運動などが行われたが、それらはことごとく失敗した。道徳的説諭や禁酒運動を推進する宗教者が、しばしば、アルコールに依存するという主観的体験を知らぬまま、飲酒を悪としてただ否定してしまったことが一因である。依存症者たちは、依存がどういう体験かを周囲には理解されないまま、孤独な戦いに負け続けていた。[22]とはいえ、ここから導かれるのは、宗教がケア的ではないという単純な結論ではない。AAも宗教的土壌から生まれてくるのだから。

AAの諸発見のうち、当事者の体験理解に関わる三つを挙げておこう。①彼らの体験談が出版され、依存症という病気の主観的体験は、当事者でない人々にも（歴史上はじめて！）共有された。②依存症という病気の体験が深く理解されることの持つ治療的意義が確認された。③援助者も癒される原理、すなわち、ケアの与え手の側にも回復の力がもたらされるという、ピア・カウンセリングの原理が発見された、以上三つである。[23] ＡＡでは、新参者のケアという形をとった自己効力感の探究を行い、それによって飲酒欲求を抑えて安定した生活を保持。同時に新参者をベテランメンバーへと育成することで、ＡＡという共同体の再生産に貢献する。

ＡＡという運動は、ケアを行いながら断酒を継続するという人物像を提示したほかに、ケアの与え手の陥りやすい危険性をも指摘することになる。アルコール依存症の夫の欲求に屈してアルコールを与えてしまう「支える妻」たちの、自分たちの行動が依存症者を支えてもいたという気づきに触発されて、依存されることの自己効力感に依存してしまう「共依存」という現象が見いだされた。見かけは支えだが、共依存は「ケア」の受け手を囲い込み、受け手の自立や自律を侵害する結果をもたらす。

ケアを受けることが生命維持に必須となる重度障害者が、それでもふみだす自立生活運動。新参者へのケアの与え手に回ることにより飲酒欲求が弱まるという不思議（援助者も癒やされる原理）。アルコール依存症者の夫たちを「支える妻たち」の「ケア」の結果、依存症者の依存を進めてしまうという、ケアの副作用（共依存）。ケアという行為が、無条件の「与える善」だけではなく、「受け取る善」も「与える害」もありうることが確認される。

医療・看護・福祉の専門家、そしてケアされることの専門家といえる当事者に加わって、様々な集団が、ケアに関わるなかで、さらに宗教者がケアの場に加わる意義はどこにあるだろうか。

ケアの現場が、宗教のもつ可能性を活現する場であるとともに、宗教にとって貴重な学び・宗教者の再生産の場でもあるからだ、といえないだろうか。

宗教者は、ケアの与え手にも、受け手にもいる。どのような人材を育てようとしているか。ケアのコストを自覚的にみつめ、また、善意のケアが常に善果をもたらすわけではないことを見つめ、ケアの受け手にもイニシアチブをもたせる工夫。そして、なぜ、どのような、どのくらい、いつまで、誰にケアするか／誰からケアを受けるかを、どう決断するか。ケアの受け手になったとき、無力感とどう向き合い、必要な折衝をするか。これら確答のない問いに取り組むことは、学びの機会だ。

多くの困難にもかかわらず、宗教者が橋を架け絆を強める意義は、パットナムの以下の言葉に表現されている。

> 市民的美徳がもっとも強力な力を発揮するのは、互恵的な社会関係の密なネットワークに埋め込まれているときである……。美徳にあふれているが、孤立した人々のつくる社会は、必ずしも社会関係資本において豊かではない[24]。

以下の章で、具体例を通して、当事者の体験理解に努力を払いながら、社会と宗教の互恵性の〈ケアにおける〉〈適切さ〉を探究していこう。

［注］

1　マーク・S・グラノベッター「弱い紐帯の強さ」一九七三年（大岡栄美訳『リーディングス　ネットワーク論』勁草書房、二〇〇六年所収）

2　櫻井義秀「はじめに」稲場圭信・櫻井義秀編『社会貢献する宗教』世界思想社、二〇〇九年、ⅰ〜ⅸ頁。

3　稲沢公一「援助者は『友人』たりうるのか」古川孝順・岩崎晋也・稲沢公一・児島亜紀子『援助するということ』有斐閣、二〇〇二年、一三五〜二〇八頁。

4　『ロージァズ全集一二　人間論』村山正治編訳、岩崎学術出版社、一九六七年。また『ブーバー　ロジャーズ対話』ロブ・アンダーソン、ケネス・シスナ編、春秋社、二〇〇七年。マルチン・ブーバー『我と汝・対話』岩波文庫、一九七九年も参照。

5　稲沢、一五八頁。

6　稲沢、一五九頁。

7　稲沢、一五九頁。

8　稲沢、一五九頁。

9　『ロージァズ全集一二　人間論』村山正治編訳、岩崎学術出版社、一九六七年、一六〇頁。なお、精神科医ハンス・トリューブ『出会いによる心理療法』金剛出版、一九八二年の、ブーバーによる序文では、よりロジャーズ的な援助関係理解が見いだされ、興味深い。

10　マックス・ウェーバー「世界宗教の経済倫理　序論」『宗教社会学論選』大塚久雄・生松敬三訳、みすず書房、五三〜五五頁には、この世を超えた救済財が、この世での信者の行動を推し進めたという指摘がある。

11　たとえば清水房枝、作田裕美、坂口桃子、伊津美孝子「病院に働く看護師が受ける暴力の特徴と要因（第一報）」『三重看護学誌』二〇〇八年、三三〜四五頁。

12　精神医学・心理療法の領域では、転移 transference あるいは逆転移 countertransference として知られる現象である。ケアを行う現場の観点からわかりやすく書かれたテキストとして、遠藤裕乃『ころんで学ぶ心理療法――初心者のための逆転移入門』日本評論社、二〇〇三年をお薦めする。

13 窪寺俊之ほか『牧師とその家族のメンタルケア』いのちのことば社、二〇一〇年。

14 キャロル・ギリガン『もうひとつの声――男女の道徳観の違いと女性のアイデンティティ』岩男寿美子訳、川島書店、一九八六年での、女性の発達モデルがケア能力を重んじているという指摘、および、ギリガンの研究が女性をケアする性として固定するものでもあるという批判を参照することは、宗教者の男女それぞれによるケアを考えるヒントとなる。

15 たとえば救世軍の山室軍平は禁酒啓発活動として、『ときのこえ』禁酒特集号をたびたび刊行したが、これは、家族や友人の飲酒問題に苦しむ人々や関心を持つ一般人に販売され、その売り上げが啓発活動の資金ともなっていた。また、ホームレスを収容施設に受け入れるさいに、ごくわずかの使用料を課すことで、彼らの向上心も刺激しようとした。

16 米国の市民社会を支えた人物像についての詳細な考察として、ロバート・ベラー『心の習慣――アメリカ個人主義のゆくえ』島薗進・中村圭志訳、みすず書房、一九九一年がある。

17 弓山達也責任編集『現代における宗教者の育成』大正大学出版会、二〇〇六年は、社会への貢献と教団内部の人材再生産も視野に入れたテーマを扱っている。

18 大卒以上・神学修士号取得以上の資格、認定団体の研修を定期的に受講し、キリスト教各教派、各宗教からの推薦を定期的に更新するよう求める詳細な規定がある。教派や宗教を「橋渡し」する一方、認定団体で「結束」していることで、ソーシャル・キャピタルとしてのチャプレンを、橋渡しに依存しない永続的な制度にできるだけの、宗教間の協力関係や、制度として公認する社会からの理解が存在することがわかる。"Common Standards for Professional Chaplaincy," Association of Professional Chaplains, 2004-2005.

19 上野千鶴子『ケアの社会学』太田出版、二〇一一年、七頁。

20 たとえば、安積純子（遊歩）・尾中文哉・岡原正幸、立岩真也『生の技法――家と施設を出て暮らす障害者の社会学』藤原書店、増補改訂版、一九九五年がある。ケアの受け手である引け目を克服することが、おそらく多くの障碍者にとって容易ではなかったことが、安積の「車イスでの宣戦布告」などの言葉からうかがえる。

21 葛西賢太『断酒が作り出す共同性――アルコール依存からの回復を信じる人々』世界思想社、二〇〇六年に詳述。

22 ウィリアム・L・ホワイト『米国アディクション列伝――アメリカにおけるアディクション治療と回復の歴史』特定非営利活動法人ジャパンマック、二〇〇七年。
23 Riessman, Frank, "The 'helper' therapy principle," *Social Work*, 10（2）, 1965, 27-32.
24 パットナム『孤独なボウリング』一四頁。

Ⅰ　宗教のケアが橋を架ける

第一章　教誨師と更生活動

金澤　豊・真名子晃征

はじめに

二〇〇七（平成一九）年、新人刑務官と死刑囚との関係を描いた漫画『モリのアサガオ』が、第一一回文化庁メディア芸術祭マンガ部門において、大賞を受賞した。同作品では、死刑囚を収容する拘置所と、そこに勤める刑務官とを中心にストーリーが展開し、加害者、被害者、弁護士など様々な人物の心情が描かれている。[1]また作品中には、著者である郷田マモラ氏の死刑制度への関心が表れており、さらに当時施行に向かっていた裁判員制度への問題意識も反映されている。読者のなかには、死刑囚と接する刑務官が抱える不安や葛藤に共感を覚えた人も少なくないだろう。しかし、この作品は単に司法制度上の問題のみを取りあげたものではない。拘置所を「モリ（森）」にたとえ、矯正施設が一般社会から隔絶されている現状を表現するなど、様々な問題を読み手に提起する貴重な作品といえる。

このように近年、司法制度の変革に伴って、映画やドラマなどで拘置所・刑務所などの刑事施設を取りあげた作品が増えているように感じられる。それらの作品の中で、受刑者や死刑確定者と話す宗教者の姿をたびたび目にする。彼らは教誨師《きょうかいし》と呼ばれ、被収容者の更生に携わり、「信教の自由」を保障する役目を果たしている。本章はこの教誨師に焦点を当て、その役割について見ていきたい。

二〇〇五（平成一七）年、刑事施設に関わる制度に大きな変化があったことはあまり知られていない。この年、約一〇〇年間続いた『監獄法』が全面的に改正されたのである。この改正の目的の一つは、これまで曖昧であった「被収容者の権利義務の明確化」にあった。その中には、被収容者の「宗教上の行為」の権利保障を明確にする意図も含まれている[2]。これに伴い、被収容者の「信教の自由」を保障する教誨師の行う業務にも、制度上大きな変化がもたらされた。しかし、この制度の改正も含め、教誨師の活動そのものについても一般的には認知されていないといってよい。

そこで、まず「教誨師」「宗教教誨」とは何か、その歴史をまとめ、教誨師と彼らを取り巻く実状と課題を明らかにする。そのうえで、受刑者と社会との関係を取り持つ教誨師に目を向け、ソーシャル・キャピタルという観点から、受刑者と社会をつなぐ架け橋としての教誨師の意義を考えてみたい。

なお本章は、司法制度や社会のあり方について批判的に言及することが目的ではない。とくに、裁判員制度や死刑制度はその是非も含め、広範な議論がなされており、与えられた紙面では十分に検討することが難しい。それよりは、矯正活動に従事してきた宗教者に目を向けることで、社会のあり方を考えるきっかけになって欲しいという思いを根底に出発していることを述べておきたい。

1　教誨師とは

教誨師とは何か

「教誨師」とはどのような人を指すのだろうか。「教誨」の語の歴史をたどってみると、法律の用語として採用される以前から、仏教用語として使用されていたことがわかる。その歴史は古く、インドで成立した仏教文献が漢訳される際、いくつかの単語に「教誨」の訳が当てられる例が見られる。読み方は呉音で「きょうけ」と発音され、あらゆる文脈で「教えさとす」という意味で用いられていた。[3]

では、現在の「教誨師」はどのような役割を担っているのだろうか。法務省の資料では、教誨師の活動について次のように説明されている。

矯正施設の被収容者の希望に応じて、民間の篤志宗教家である教誨師が宗教教誨を行い、信教の自由を保障しつつ精神的安定を与え、受刑者や少年院在院者等の改善更生と社会復帰に寄与しています。[4]

ここでいう「民間の篤志宗教家」とは、いわばボランティアである。これは後に述べるように、教誨師はその役割が宗教に関わることであるから、国の機関である矯正施設で直接的に宗教活動を実施することが憲法上許されていない。よって、教誨師は刑務官のような施設専属の職員ではなく、民間人である篤志宗教家に都道府県教誨師会や各施設の教誨師会が依頼するという形をとっている。

上記の定義によると、教誨師とは被収容者に対して、精神の安定を助け、改善更生に導く役割を担うボランティアの宗教者ということになる。二〇一二（平成二四）年四月一日現在、全国の刑事施設（刑務所・少年刑務所・拘置所）の業務に従事している教誨師は一八五五人で、その約三分の二が仏教系、続いてキリスト教系、神道系の従事者となっている。

教誨の種類

教誨師が行う教誨にもいくつかの種類がある。大きくは「宗教教誨」「一般教誨」「宗教行事」の三つに分けることができる。[5]

①宗教教誨

宗教教誨とは、被収容者の宗教的欲求を満たすために、その希望により民間の篤志宗教家（教誨師）を招いて行われる。個別の宗教の教義を学びまた宗教儀礼を行い、信仰を深めていくことで、ものの考え方や、日常生活の態度や言動に変化をもたらすことを目的とする。グループ教誨（先に期日が予定され、被収容者の中の希望者に対して行う教誨）、個人教誨（被収容者個人の希望に基づき、個別に行う教誨）、忌日教誨（被収容者の父母・妻子・被害者などの忌日に行う教誨）、遭喪教誨（被収容者が父母やその他の近親者の訃報に接したときに行う教誨）、棺前教誨（被収容者が死亡したとき、本人と縁故ある者を集め、棺前で行う教誨）等がある。

②一般教誨

一般教誨の解釈は憲法の「信教の自由」の解釈によって分かれる。ひとつは宗教とはまったく関係を持たないで行う教誨のことをいう。あるいは、宗教を背景とすることがあっても、特定の宗教を教誨の基本的な依り所とせず、また特定の宗教に導入する意図を持つことなしに、社会通念の宗教一般に依る。このような教誨の仕方も一般教誨の範疇に入れることができる。たとえば教誨師の持っている人格を通してなされる講話、入所時の教育、釈放前の教育、一般講話等があり、宗教的性格を持たない悩み相談なども行われている。その場合は、教誨師とは別の篤志面接委員とよばれるボランティアがその役割を担う場合もあるが、教誨師が篤志面接委員も兼ねていることが多い。

③宗教行事

単独又は複数の宗派が合同して、希望する被収容者を対象として行う宗教的な儀式・行事などをいう。年頭祈願祭、節分会、春秋彼岸会、花祭り、盂蘭盆会、復活祭、クリスマス等で、ほかにも各宗派独自の行事が行われる。宗教教誨にあまり関心のない被収容者も、恒例の行事として出席することが多い。行事自体の意義もさることながら、宗教教誨への導入の機会としても重要なものといえる。

このうち、宗教教誨と一般教誨の違いは必ずしも明確ではない。一般教誨といっても、特定の宗派の教義に偏ることのない宗教一般の講話のことであったり、単に道徳や倫理に関する講話であったりと様々な形態がある。一般教誨を行う際に、その内容が自身の信仰する宗教・宗派の教義によるものであることを予め断って講話を始める教誨師もいるという。

しかし、宗教教誨も一般教誨も、その内容の大部分は実際に教誨を行う教誨師自身の学びや経験によるものである。それが一宗教者であれば、中心にあるのは自身の信仰であり、その信仰を中心に道徳や倫理が外延を形成しているだろう。後に見ていくが、教誨師に宗教観を取り払った教誨は法制度上求められてはいない。さらに言えば、信仰する宗教・宗派にかかわらず、教誨師自身が篤志の宗教家として一つの基軸を持って語りかけることで、その思いが響き、伝わっていくと考えられる。同様の話は現役の教誨師からも聞くことができた。

以上のことから、本章ではとくに説明のない場合「教誨」とは「宗教教誨」を指すものとする。また、「教誨」はその対象である「被収容者」が、受刑者・未決拘禁者・死刑確定者など様々で、それによって内容も一様ではない。よって以下は、調査の中で知りうることのできた刑務所・少年刑務所の「受刑者」に対する教誨を中心に見ていくことを予め断っておきたい。

2　教誨の歴史

教誨のはじまり

日本の教誨師の歴史は、平安中期の僧である空也（九〇三〜九七二）の事例がその萌芽とされたり[6]、鎌倉、室町、江戸時代に同様の役目を果たす人物がいたとされたりもする[7]。また、財団法人全国教誨師連盟のホームページでは「真宗大谷派の僧侶が巣鴨監獄、名古屋監獄において在監者の改過遷善のため獄舎において説教を行ったことが宗教教誨の始まりであり、以後東西両本願寺の僧侶が中心となって現行憲法制定時まで教誨を行っていた」と説明されている[8]。

その後、教誨が組織的かつ継続的に行われるようになったのは、明治初期の『監獄則』の成立からと言えるだろう。本節ではこの『監獄則』以降、約一三〇年の歴史を概観していく。

『監獄則』の成立以降、教誨制度は受刑者の信仰を国がいかにして守ることができるかという問題を常に抱えていた。それは後に「信教の自由」と「政教分離」という言葉で表され、現在でも議論の絶えない問題である。教誨の歴史は、この「信教の自由」と「政教分離」とをいかに両立するかということを模索し続けた歴史ともいえる。

そのような教誨の歴史の中に、大きく二つの転換点がある。一度目の転換点は、一九四五（昭和二〇）年の『日本国憲法』施行のときである。ここで定められた「信教の自由」と「政教分離」をめぐって、それ以前の『監獄法』に記される宗教教誨の認識は、変更を余儀なくされる。そして、二〇〇七（平成一九）年六月一日に『刑事収容施設及び被収容者等の処遇に関する法律』が施行される。これによって、約一〇〇年間続いた『監獄法』が全面的に改正されることとなった。これが二度目の転換点である。

本節では、この二つの転換点に注目しながら、教誨の歴史および、それに伴って起こった問題点を確認していく。

教誨制度の導入

先にも述べたが、教誨の始まりをいつとするかは、必ずしも明確ではない。一八七二（明治五）年に頒布された、日本最初の監獄立法である『監獄則及び図式』の中にも、受刑者の矯正に関する記述は見られるが、そこには「教誨」「教誨師」の語は用いられていなかった。

「教誨」「教誨師」の語がはじめて用いられたのは、一八八一（明治一四）年である。この年に制定された『傭人設置程度並びに傭人分課例』に「教誨師、改過遷善の道を講説して囚徒を教誨す」という文言があり、また、同年に施行された『改正監獄則』には次の文言が見られる。

（第九二条）已決囚及び懲治人教誨のため、教誨師をして悔《ママ》過遷善の道を講ぜしむ
（第九三条）教誨は免役日又は日曜日の午後に於て其講席を開くものとす
（第九四条）懲治人には毎日三四時間読書習字算術度量図等の科目中に就き、之を教ふへきものとす

これにより、矯正施設の被収容者に対する「教誨」が制度上定められることとなった。

しかし、制度の確立が、そのまま宗教教誨の実施につながるわけではなかった。これらの教誨制度には、二つの問題が生じることとなる。一点目は、財政的な問題である。当時の監獄費は各府県の負担であったため、財政的理由から教誨師を任用することのできる監獄は多くなかった。また、多くの府県が仏教各宗派に、教誨師の派遣を依頼するも、その給与は各宗派の負担となっていた。一八八九（明治二二）年に『監獄則』が改正され、教誨師は他の監獄職員同様に勤務し、その業務を分担するようになっても、給与形態は変わらず、各宗派負担のままであった。このよ

うな理由から、多くの宗派は教誨師の派遣が難しく、東西本願寺のみが派遣を継続する形となった。

教誨制度のもう一つの問題は、定められた制度の中で「宗教教誨」がどこまで許容されるか、という問題であった。

そもそも「教誨」といっても、それは『改正監獄則』第九四条に「読書習字算術度量図等の科目中に就き」とあるように、学科教育を主に意図したものであったと言える。まして、それが宗教教誨を想定していたとしても、強制的なものであり、決して個人の信仰に配慮したものではなかった。一九〇七（明治四〇）年の『刑法』の制定に伴って、一九〇八（明治四一）年に、『監獄則』に代わり、『監獄法』が制定・施行されたが、そのなかでも、

（第二九条）受刑者には教誨を施す可し。其他の在監者教誨を請うときは之を許すことを得

と記されている。以降「受刑者には教誨を施す可し」の一文をいかに理解するかが、教誨にとって大きな課題となる。戦前の『大日本帝国憲法』のもとでは、この文言が強制的な教誨を意味するものとして捉えられていたからである。『大日本帝国憲法』では、信教の自由について次のように定められていた。

（第二八条）日本臣民ハ安寧秩序ヲ妨ケス及臣民タルノ義務ニ背カサル限ニ於テ信教ノ自由ヲ有ス

この規定によって、「臣民の義務に背いた」存在としての受刑者には信教の自由は与えられなかった。たとえば、『監獄法』の起草者の一人である小河滋次郎はその著書の中で、受刑者の信仰に配慮せずに教誨にて特定の宗教を強制することを問題ないと繰り返し述べている[9]。

小河の例のように、『監獄法』において受刑者に教誨を施すことが定められるも、それは決して受刑者の信仰に配慮したものではなかった。それどころか、場合によっては本人の求めない信仰を強制されるものであった。先に、財政的な問題から東西本願寺の教誨師のみが派遣される状態があったと述べたが、それが是認されていた背景には、このような『大日本帝国憲法』理解による強制的な教誨が行われていた事情もある。

『日本国憲法』の施行

教誨師に関わる法律は、『監獄則』の制定以降、改訂を繰り返してきたが、一九四五（昭和二〇）年の『日本国憲法』の施行によって、最初の大きな転換点を迎える。

戦後、日本は連合国軍最高司令官総司令部（ＧＨＱ）の指導のもと、政治・経済・教育など様々な分野において改革が行われるが、教誨制度もその例外ではなかった。そこで問題となったのは、『日本国憲法』に示される「信教の自由」と「政教分離」という二つの考えのもと、『監獄法』の「受刑者には教誨を施す可し」という文言をどう理解するかということであった。

『日本国憲法』第二〇条には、日本国民の「信教の自由」に関して、次のように規定された。

信教の自由は、何人に対してもこれを保障する。いかなる宗教団体も、国から特権を受け、又は政治上の権力を行使してはならない。
何人も、宗教上の行為、祝典、儀式又は行事に参加することを強制されない。
国及びその機関は、宗教教育その他いかなる宗教的活動もしてはならない。

この第一項に定められる「信教の自由」を保障される対象には、当然受刑者も含まれる。この憲法の下、受刑者は自身が望まない特定の宗教行為・儀式への参加を強制されることはなくなり、同時に、自身の要求に沿った宗教的行為が認められることになる。
しかし、一方で第二項・第三項によれば「国及びその機関」にあたる矯正施設においては、宗教的行為を行うことができない、ということにもなる。これに関連するものとして、第八九条にも次のように定められている。

公金その他の公の財産は、宗教上の組織若しくは団体の使用、便益若しくは維持のため、又は公の支配に属しない慈善、教育若しくは博愛の事業に対し、これを支出し、又はその利用に供してはならない。

この「政教分離」の原則を完全に貫くとすれば、「教誨」とは「一般教誨」を意味するものとして理解され、施設内での「宗教教誨」は憲法上不可能ということになる。このように、「信教の自由」と「政教分離」の間で、宗教教誨は法律上の根拠を失うこととなった。

それでも、実際は次の通達などによって宗教教誨は行われてきた。

・一九四五（昭和二〇）年『宗教上の礼拝に関する件』
宗教上の礼拝を請う者あるときは、一般規律を紊《みだ》さざる限り、施設内の適当の場所に於いてその機会を与えること。

・一九四六（昭和二一）年『収容者の宗教教誨について』
健全で且刑務所の規律を紊す虞《おそれ》のない宗教を信仰する者が其の宗派の教誨を希望した場合は其の宗派の教義に基づく宗教教誨を聴取させることができるようにすること、希望者が多数ある場合は勿論、少数の場合でも差し支えない限り其の希望に添う様努めること。

・同年『行刑教化の充実について』
収容者の信仰する宗教は各宗派にわたるのであるから、この各人の自由な信仰心は十分これを尊重し、苟《いやしく》も、一宗一派に偏することなく、被収容者の希望を斟酌《しんしゃく》し、関係者を招聘して教誨を聴聞せしめ、また被収容者自身の宗教的情熱から真に盛り上がったものであるならば、よく関係者と協議した上、各宗派の祝典、儀式又は行事は事情の許す限り努めてこれを実施して、被収容者の希望を叶える。

『日本国憲法』の施行に伴って、宗教教誨は法的根拠を失うこととなったが、通達などによって、受刑者の信仰を尊重し、彼らの求める宗教的な欲求を可能な限り実現させるように配慮することが求められた。ただ、このような通達にも問題があった。たとえば『宗教上の礼拝に関する件』では、国家による宗教教誨が禁止され、教誨堂内の仏壇及び所内の遙拝所・神棚の撤去が指示された。受刑者の宗教上の自由を保障し、宗教上の儀式・典礼への参加を強制しないためのものであった。しかし、実際は仏壇や神棚を用いて礼拝等を行う受刑者に問題が生じた。このように、宗教教誨に関する通達が受刑者の信仰を尊重するものであったとは言い切れない。

全国教誨師連盟の発足

戦後の教誨制度の大きな改革の中、一九四七（昭和二二）年、国家公務員の宗教教誨が禁止され、翌年には宗教教誨が民間篤志の宗教家に委ねられることとなる。これをうけて、財団法人日本宗教連盟は本部内に「宗教教誨中央委員会」を設置し、宗教教誨に関する調査・研究などを行うこととなった。また、全国の同連盟支部内に「宗教教誨地方委員会」を設け、各施設へ教誨師が派遣されることになる。

その後、教誨師の組織化の声が高まり、法務省、宗教教誨中央委員会、同地方委員会、各宗派、各矯正管区および各施設などが協力し、組織化が進められた。そして、一九五四（昭和二九）年、大阪四天王寺において、第一回全国教誨師大会が開催され、二年後の一九五六（昭和三一）年、東京で開催された第三回全国教誨師大会において全国教誨師連盟を結成、会長（総裁）には、浄土真宗本願寺派の大谷光照門主が推薦された。そして、一九六二（昭和三七）年に法人の設立が認可され、財団法人全国教誨師連盟が誕生した。

同連盟は、矯正施設における宗教教誨の充実徹底をはかることを目的とし、宗教教誨に関する調査及び研究、教誨師の研修、教誨師大会の開催、教誨資料及び機関誌の発行などの事業を行っている。[10]

新法の成立

そして近年、教誨制度は二度目の大きな転換を迎えている。二〇〇三（平成一五）年三月三一日、森山眞弓法務大臣（当時）のもと、その諮問機関として「行刑改革会議」が設立された。そして、同年一二月二二日、『行刑改革会議提言──国民に理解され、支えられる刑務所へ』（http://www.moj.go.jp/content/000001612.pdf）がまとめられる。その提言の中では、以下の三つの観点から『監獄法』の全面改正を含んだ行刑運営の改善が求められた。

受刑者の人間性を尊重し、真の改善更生及び社会復帰を図るために
刑務官の過重な負担を軽減するために
国民に開かれた行刑を実現するために

この提言を受けて、二〇〇七（平成一九）年六月一日、一九〇八年の施行からおよそ一〇〇年間、実質的な改正が一度もなされなかった『監獄法』が全面的に改正され、新たに『刑事収容施設及び被収容者等の処遇に関する法律』（以下『新法』と略す）として施行されることとなった。宗教教誨は、この『新法』の中で「宗教上の行為等」として、以下のように定められた。

（一人で行う宗教上の行為）第六七条
被収容者が一人で行う礼拝その他の宗教上の行為は、これを禁止し、又は制限してはならない。ただし、刑事施設の規律及び秩序の維持その他管理運営上支障を生ずるおそれがある場合は、この限りでない。

（宗教上の儀式行事及び教誨）第六八条
①刑事施設の長は、被収容者が宗教家（民間の篤志家に限る。以下この項において同じ。）の行う宗教上の儀式行事に参加し、又は宗教家の行う宗教上の教誨を受けることができる機会を設けるように努めなければならない。
②刑事施設の長は、刑事施設の規律及び秩序の維持その他管理運営上支障を生ずるおそれがある場合には、被収容者に前項に規定する儀式行事に参加させず、又は同項に規定する教誨を受けさせないことができる。

『新法』の施行により、これまで法律上の根拠を欠いていた宗教教誨が公的に認められることとなった。ここに至る背景には、様々な立場からの働きかけがあったことはいうまでもない。そして、その間も日々の現場で実務にあたっている教誨師・施設職員の教誨に対する思いを忘れてはならない。

3 現状と課題

社会の変化に対応していくために

『新法』の施行によって、教誨師はその活動に法律上の根拠を得たが、いまだいくつもの課題を抱えている。社会の変化に伴って、矯正施設、そして被収容者の状況も変化している。若年層の凶悪犯罪の増加や、女性の犯罪の増加などがその例として挙げられるだろう。また近年の「宗教離れ」といわれるような状況において、教誨師に求められるものも常に変化している。

矯正施設における教誨は、基本的に被収容者の要望によって行われるが、その要望もまた変化し続けている。教誨は、被収容者と教誨師の一対一の信頼関係やプライバシーの保護といったものを前提として成り立っている。このような業務の性格上、複数の教誨師が連携して活動することが難しい。よって教誨活動に関しては、そのほとんどが教誨師個人のはたらきにかかっていると言える。しかし、激しい社会の変化に対応していくには、単に教誨師個人の力量に委ねるだけでなく、より組織的に取り組んでいく必要がある。

今回の執筆にあたり、浄土真宗本願寺派の教誨師として、拘置所・刑務所・少年刑務所で更生活動に携わってこられた、数人の教誨師の方々にお話を伺った。そのなかで、書籍やデータなどからは知ることのできない様々な情報をお聞きすることができた。以下は、そのインタビューから浮き彫りになってきた課題の中から「人材育成」と「外部発信」の二点について考えてみたい。

人材育成

先述のように、教誨師は信教の自由や政教分離といったことが憲法にうたわれているため、国からの委嘱という形をとっておらず、その任免は、都道府県教誨師会や各施設の教誨師会が独自で行っている。しかし、同じ矯正に携わるボランティアである「保護司」は法務大臣委嘱、「篤志面接委員」は大臣訓令による管区長委嘱という形をとっている。『新法』の施行によって教誨師の地位が確立された現在、その任免について見直す必要があるだろう。[11]

こうした状況の中での具体的な問題点は、若手の教誨師が少ないことである。この理由の一つには教誨師の推薦の仕組みにある。教誨師は、矯正に関する知識や教誨の方法についての知識が必要であると同時に、業務の性格上、ある程度の社会的経験が求められるため、必然的に年齢が高くなる。年齢層が高いことを一概に問題視することはできないが、若年の受刑者の意識や感覚とのずれが生じてくることも否めない。また、受刑者が年齢の近い教誨師を望むことも予想できる。しかし、教誨活動による収入は皆無であり、職業としては成立し得ないため、若手の活動の場として定着する事は難しいのが現状である。

女性教誨師が少ないことも問題であろう。女性受刑者数の増加を考えると、今後は（同性である）女性教誨師の需要が高まることも予想できる。全国教誨師連盟や各教宗派の中で研修会等の育成プログラムにおける、若手教誨師、女性教誨師の育成が期待される。

さらに、教誨師の任免は各矯正施設もしくは教誨師会が独自に行っているため、その施設で教誨師が足りていたとしても、近隣の施設へ派遣されるということはほとんどなく、教誨師になることをいくら希望しても、任免をもらえないケースがでてくる。各矯正施設のニーズに応じて教誨師が派遣されるようなシステムが望ましいのか否かという議論も含めて今後の課題となるだろう。

また、後継者育成の仕組み自体も課題といえよう。それは身内・知人などからの紹介がかなりの割合を占めていることである。龍谷大学矯正・保護総合研究センターが行ったアンケート調査[12]では「宗教教誨に携わるようになった経緯（複数回答可）」について、総回答者数七五五名の教誨師のうち、

「かつて教誨師をしていた者が身内にいた」一七九名（二三・七％）

「所属の教宗派関係の先輩、知人から勧められた」四九三名（六五・三％）
「施設関係者から勧められた」四八名（六・四％）

と、なっている。[13] 一方、「自ら最寄りの施設を訪ね、教誨師になるにはどのような手続きをとればよいのかなどについて所要の相談を行った」という回答は一〇名（一・三％）と低い数値となっており、関係者の紹介以外の任用が極端に少ない。このような比較的狭い内部のみでの後継者の育成で、教誨師の活動自体が外部に伝わりにくくなるという事態は必然とも言える。

教誨師は、希望する者が誰でもなれるというわけにはいかない。それを考えれば、教誨師の選定が、その人物をよく知る身内や知人からの紹介となる事情は理解できる。しかし、ここで問題となるのは、身内や知人といったコミュニティーで後継者育成が行われると、同一宗教団体の中でさえ、教誨活動に対する情報が行き届かないという状態に陥ってしまうことである。次項に詳しく述べるが、より多くの人々に教誨活動を理解してもらい、その活動へ参加してもらうためにも、組織的な情報発信の拡充が必要であろう。

外部発信

今回の執筆にあたって、インタビューの他に書籍・論文やインターネットでの基本的な情報収集を行った。その中で目についたのは、「裁判員制度」や「死刑制度」をテーマとした書籍が多いことである。これらは一般に手に取りやすい新書などでよく目にする。また「刑務所」の内部事情について紹介する書籍なども多く見られる。

それに比べると、タイトルに「教誨」「教誨師」の語を含む書籍自体が少なく、一般書店で取り扱っているような書籍も圧倒的に少ない。内容に関しても、そのほとんどが、第二次世界大戦後に戦犯への教誨が行われた「巣鴨プリズン」や、そこではたらく教誨師に焦点を当てたものである。その他、各都道府県、各宗教団体の教誨師連盟や教誨師会が発行する書籍が出版されているが、いずれも歴史や手引きがまとめられた著作であり、現在では入手しづらいものがほとんどである。教誨がプライバシーに深く関わる実践であることなどから、一般向けに発信することがためらわれているのかもしれない。

また、インターネット上の情報に関しても同様で、各教宗派の運営するウェブサイトが存在するのみだった。しかし二〇一一（平成二三）年九月、全国教誨師連盟が運営するウェブサイト（http://www6.ocn.ne.jp/~zenkyo/）が開設された。サイトには、宗教教誨と教誨師、教誨の実施状況、教誨師の人数、宗教教誨と教誨師連盟の沿革などの情報が公開されている。このサイトの充実によって、インターネット上での情報発信が今後強化され、教誨師に対する理解が広がっていくことが期待される。

人材育成、外部発信という課題は、教誨師が受刑者と社会をどのようにつないでいくかという問題でもある。それは次節に述べるように、教誨師は受刑者にとって社会とのつながりそのものなのである。

教育機関との連携

最後に、人材育成と外部への情報発信という二つに関連して、教育機関との協力の意義を紹介したい。

たとえば、現在最も多くの教誨師を有する浄土真宗本願寺派の宗門校である龍谷大学では、矯正と更生保護に関する研究・教育・社会貢献を総合的に推進するため、「龍谷大学矯正・保護総合センター」を二〇一〇年に開設した。その教育事業の一環として、同大学の矯正・保護課程では、教誨活動の歴史と伝統を継承し、教育課程の充実と社会的要請に応えるべく、矯正施設の職員や専門的知識を持つボランティアの養成に積極的に取り組んでいる。

残念ながら、同課程受講者から実際に教誨師になる例は現在のところ多いとは言えず、刑務所の刑務官や保護観察官などの職に従事する者が多い。それでも、矯正や教誨師の活動についてひろく知り、活動の意義を理解してもらう教育の実施は大変重要なことと言える。先に述べたように、矯正施設における教誨は、受刑者の申し出を受けた施設側からの依頼によって行われる。その施設側の職員の理解あるバックアップを得なければ、十分な教誨を行うことはできない。施設職員と教誨師の密な連携があってこそ有効な教誨が実施可能となる。

さらに、教育機関である大学において、矯正・保護に関する事業が行われることは、講演会の開催や図書・雑誌の刊行などの情報発信という点から見ても、大変有効な手段となるだろう。
このようなことから、人材育成・外部への情報発信の両面に関連して、教育機関における積極的な活動が今後も期待される。

4　ソーシャル・キャピタルとしての教誨師

受刑者の社会復帰のために

これまで教誨師とは何かを紹介し、その歴史と現状、そして課題を見てきた。本節では、また「ソーシャル・キャピタルとしての教誨師」という視点から、教誨師の役割を再度考えてみたい。その役割の一つは、受刑者の精神を支えることで、矯正施設内での生活態度の安定に貢献していることであろう。二〇〇六（平成一八）年、龍谷大学が全国二四の矯正施設の管理者並びに職員、教誨師、受刑者を対象に実施したアンケート結果をもとに見ていこう。

アンケート結果によれば、施設職員が「集合教誨に期待する効果」「個人教誨に期待する効果」としては、「心情の安定」がもっとも数値が高くなっている。[14] そして「参加後の受刑者の変化」についての項目では、「落ち着いた様子が見られる」「生活態度が安定した」の数値が高いことより、その効果が現れていることがわかる。当然のことかもしれないが、教誨は単に受刑者個人の改善更生にとどまらず、施設内の彼らの生活態度といった面にも影響を与えている。

それ以上に注目したいのは、受刑者自身が改善更生の機会を教誨に求めていることである。受刑者を対象としたアンケート調査で、集合教誨および個人教誨に何を期待しているのか、一三項目を挙げて、それぞれに「非常に期待している」から「全く期待していない」までの五段階で回答してもらっている。そのうち「生活（人生）の転機をつかみたい」という項目に「非常に期待している」「どちらかといえば期待している」と選択した受刑者は、集合教誨では四九一名中三一三名（六三・八％）、個人教誨では二六一名中一八四名（七〇・五％）といずれも高い数値を示している。また、「一時的でもよい、敬虔・感謝の念を覚える心境になりたい」の項目に「非常に期待している」「どちらかといえば期待している」を選択した受刑者は、集合教誨では四八七名中四〇一名（八二・三％）、個人教誨では二五八名中二〇七名（八〇・二％）とこちらも高い数値を示している。これより、受刑者自身がその更生を望み、またその機会を教誨に期待していることがうかがえる。

また、同じ信仰を持つ受刑者同士がグループ教誨によって、お互いの思いを話し、互いにそれを聞くといった機会が設けられることも、少なからずその更生の一助となると考えられる。グループで行われる教誨の場合は、いわゆるバズセッションという自由討議が取り入れられることもある。終了後にはその感想を書かせたり、教誨師がその感想にコメントを加えたりといったことがなされるという。教誨で得た思いが単に受刑者一個人の内面にとどまるだけでなく、自身の思いを表現し、同じ信仰を持つ者の思いを聞く機会が設けられることも、社会復帰のために必要なことであろう。これらの活動から教誨が単に刑期中の精神の安定にとどまらず、出所後の社会復帰のための役割を果たしていることがうかがわれる。

社会に向けて伝えていくこと

以上のように、ソーシャル・キャピタルとしての教誨師の最も大きな役割は「塀の中」である刑務所と、「塀の外」の社会をつなぐ架け橋となり、受刑者を外の社会へ導くことであろう。しかし、それと同時に教誨師は「塀の外」である社会に対して、刑務所の実情を伝えていくことも重要な役割であるといえる。社会の側に対して、いずれ復帰する受刑者を受け入れる態勢を作るように促すことができるのは、施設内部の状況を知る施設職員であり、教誨師ではないだろうか。『行刑改革会議提言』の冒頭には以下の言葉がある。

これまで刑務所について多くを知らなかった大多数の委員にとって、それは驚きであった。いわゆる「塀の中」で、受刑者がどのような生活を送っているのか、今まで知らなかった。また、刑務所の中からの声も聞こえてこなかった。刑務所の「塀の高さ」を感じた。その塀の高さ故に、世間から隔絶され、世間の関心が向けられることなく取り残されてきた世界であると感じた。その閉鎖的な世界の中で、社会内にある我々が普段余り経験することのない秩序が形成され、その中で第一線の刑務官が、過重な負担に耐えながら、必死に、真剣に職務を行っている姿が見えた。[15]

ここで述べられているのは、私たちは刑務所の中のことをあまりにも無知であったという嘆きである。それは、刑務所の中の情報が外部に公表されなかったから、という以前に、社会の側がそこから目を背けていたという理由が強く影響しているのではないだろうか。

二〇〇九年（平成二一）年五月二一日にスタートした裁判員制度は「誰もが裁判員になりうる」という点でわたしたちの生活に大きな影響を与えている。国民の中から事件ごとに選ばれた裁判員は一定の刑事裁判において、審理に参加し、裁判官とともに事実の認定、法令の適用、刑の量定の三点に関与する事となる。これは、司法を身近に感じる事ができるというメリットが強調されているが、裁判員に複数の法的義務が課せられたために発生する、裁判員の思想・信条に関する問題点も指摘されている。

それでも、裁判員制度の導入によって司法の場が開かれたものとなり、死刑制度も含めて国民の関心が司法制度に向かったことは事実である。書店に並ぶ関係書籍の量が如実にそれを表している。しかし、それによって国民の関心が司法制度に向いたとしても、その後の矯正施設での被収容者の処遇については、「塀の中」で社会復帰を目指すという事だけが知られている状態ではないだろうか。したがって、社会の側が矯正施設の現状について考え、その活動を理解していくことは、裁判員制度にとっても少なからず影響を与えることになるだろう。国民が教誨制度について深く理解した上で、事実の認定、法令の適用、刑の量定という三つの義務を遂行することの意義は大きい。

外部発信の具体的な機会として、全国教誨師連盟が毎年主催する全国教誨師大会、また各都道府県や宗教団体主催の教誨師大会の公開によって、その情報を発信していく方法も考えられる。これらの活動は、各団体に所属する教誨師や関係者に限定されたものが多い。また、一般を対象とした講演会等で、教誨師が矯正の現状、受刑者の更生について講演する機会が設けられることもあるが、その数は決して多くはない。矯正の現場を知るためには、矯正に携わる教誨師や関係者の口から語られることに意味があるのではないだろうか。なぜなら、このような話を伝えることができるのは、教誨師しかいないからだ。

おわりに

先の提言にも見られるように、「塀の中」である刑務所、または矯正施設全般についての情報は一般的にほとんど知られていない。それは「塀の中」が、自分たちとはかけ離れた世界となっている現状があるからだろう。それが、無意識のうちにわたしたちをその問題から遠ざけているとも考えられる。

ある教誨師は教誨に際して「受刑者の罪状は見ないことにしている」と語った。受刑者に対して先入観を持たずに、〝人と向きあう〟ことを活動の基礎に置いているからだという。それは、過去に罪を犯してしまった罰としてではなく、今後の生活、これからの人生に向けた更生のために教誨を行うという姿勢の現れとも言えるだろう。

社会への復帰は、受刑者自身の力で行われることも忘れてはならない。社会復帰への道を歩むのは受刑者自身である。しかし、それは決してたやすいことではないだろう。先に教誨師を施設内と社会とをつなぐ「架け橋」にたとえた。その橋は、受刑者が社会復帰するまで、「塀の中」と「塀の外」を常につなぎ、受刑者を「塀の外」である社会へ導いていく。架け橋の一端を担う社会は、社会復帰した受刑者を受け入れる状態を整えておかなければならない。それは具体的には住環境の保障であり、働く場の提供でもありと様々だが、最大の課題は、社会全体が彼らを受け入れる姿勢をつくることである。そこに働きかけることができるのは、受刑者の更生に携わる教誨師であろう。なお、今回触れることはできなかったが、教誨師は死刑執行に立ち会う唯一の第三者となり得る存在でもある。このような特殊な立場にある教誨師の経験から紡ぎ出される言葉は、人間の更生を考える場面でいかなる説明よりも重みを持ったものとして受け止められなければならない。

最後に、これまで「塀の中」と「塀の外」という表現を用いてきたが、それらは決して隔絶された二つの社会ではない、またそうあるべきではない、ということを強調して本章を閉じたい。私たちは社会から隔絶された「塀の中」を「社会の外」として見てはいないだろうか。教誨師をはじめ、様々な人々が受刑者の「基本的人権」「信教の自由」を守ろうとしてきたように、受刑者も社会の一員であって、決して社会の外に生きているのではない。「塀の中」は決して「社会の外」ではないのだ。この認識が少しでも浸透することを念じてやまない。

［付記］
本章の執筆にあたり、教誨師の近藤哲城先生、高橋哲了先生、松山善昭先生、本川英暁先生、浄土真宗本願寺派社会部に多大なご指導・ご協力をいただいた。記して心より御礼を申し上げたい。

［注］

1　本作品は、二〇〇四（平成一六）年四月から二〇〇七（平成一九）年四月まで『漫画アクション』（双葉社）にて連載。二〇一〇（平成二二）年にはドラマ化され、テレビ東京系列で放映された。

2　法務省ホームページ「監獄法から刑事収容施設及び被収容者等の処遇に関する法律へ」http://www.moj.go.jp/content/000057393.pdf を参照。

3　近藤哲城「宗教教誨の変遷といま」（赤池一将・石塚伸一編『矯正施設における宗教意識・活動に関する研究――その現在と歴史』日本評論社、二〇一一年所収）九八頁〜。中村元『佛教語大辞典』東京書籍、一九八一年、教誨師の項では「刑務所などで、囚人に教えさとして正しい生活の道へ導く任にあたる人」と定義されている。

4　法務省ホームページ「矯正を支えるボランティア」。http://www.moj.go.jp/kyousei1/kyousei_kyouse09.html

5　教誨の分類の仕方については一様ではない。たとえば、その形態によって、集合教誨・グループ教誨・個人教誨と分けられる場合もある。ここでは、近藤哲城「宗教教誨の現状と課題――宗教教誨への理解を深めるために」『犯罪と非行』一五六号、二〇〇八年の分類を参考にした。

6 龍谷大学編『仏教大辞彙』冨山房、一九七三年、一一九六頁。

7 『浄土真宗本願寺派　教誨師必携』第四版、浄土真宗本願寺派社会部、二〇一一年などに詳しい。

8 財団法人全国教誨師連盟ホームページ。http://www6.ocn.ne.jp/~zenkyo/productsindex2.html

9 小河滋次郎『監獄学（二）』警察監獄学会、一八九四年（小野坂弘『小河滋次郎監獄学集成』五山堂書店、一九八九年、第二巻所収）には、「監獄ノ教誨ハ必ラス一種ノ宗派ニ限定スルヲ必要ナリト信ス何トナレハ今日ノ実況、罪囚ノ最多数ハ幾ント皆、無宗教者ナルカ故ニ向ツテ各宗派ヲ混用スルノ必要ナキヲ以テナリ……既ニ法禁ヲ犯シ刑辟ニ触ル、所ノ者之ヲ無宗教ノ徒ト見做スモ何ノ不可カ之レアラン」とあり、受刑者は無宗教と見てかまわないとし、矯正施設の定める、特定の宗教による教誨で問題ないとしている。

10 なお、全国教誨師連盟は二〇一二（平成二四）年、公益財団法人となった。

11 国からの委嘱かそうでないか、という違いはそれほど重要な問題ではないとされてきた。しかし、この問題を真剣に協議すること自体が意義のあることだと考える。中山厚氏は、被収容者の信仰に対して国が取るべき態度として、以下のように述べる（「矯正施設における宗教活動の現状と課題」赤石・石塚前掲書、七九頁～）。

　本来、国は国民の信教の自由を保障するためには、「宗教に関しては、何もしない」という消極的立場を厳格に維持することが必要であり、このことによって、信教の自由の保障は十分可能であると考えられる。……すなわち「欲しないならば、いかなる宗教も信仰しなくてもよい」という自由は国家の消極的態度によって十分に保障されるのであるが、「特定の宗教を信仰し、宗教上の行為をする」という自由は拘禁生活内では、むしろ国が積極的にかかる自由を保障するような配慮や援助を行うことによってのみ保障されるのである。

教誨師の位置づけについて検討することは、中山氏のいう積極的な態度の表明となるのではないだろうか。

12 赤池・石塚前掲書二四八頁。この調査では、矯正施設における宗教教誨のあり方を検討するための基礎資料の収集を目的として、受刑者、教誨師、刑事施設職員を対象にアンケート調査を行っている。

13 以下、アンケート項目、調査方法及び調査結果については、赤石・石塚前掲書一七三頁～を参照。

14 刑事施設職員へのアンケート調査に関しては、赤石・石塚前掲書一八六頁～を参照。

15　法務省ホームページ「行刑改革会議提言」http://www.moj.go.jp/content/000001612.pdf を参照。

［キーワード］

・教誨師

矯正施設において、被収容者の希望に応じて、宗教的説話などを行う民間の篤志宗教家。被収容者に精神的安定を与え、改善更生と社会復帰に寄与する。被収容者の信教の自由を保障する役割を担う。

・矯正施設

犯罪を行った者を収容し、矯正のための処遇を行う施設を「矯正施設」という。刑務所、少年刑務所、拘置所、少年院、少年鑑別所、婦人補導院のことを指す。二〇一〇（平成二二）年四月一日現在、日本国内の矯正施設の数は、刑務所（六二）、少年刑務所（七）、拘置所（八）、少年院（五二）、少年鑑別所（五二）、婦人補導院（一）となっている。

・刑事施設

矯正施設のうち、刑務所・少年刑務所・拘置所の三つの施設を「刑事施設」という。旧来の『監獄法』では「監獄」とされていたが、『新法』の施行により改称された。刑務所及び少年刑務所は、主に「受刑者」を収容し、処遇を行う。拘置所は主に刑事裁判が確定していない「未決拘禁者」および「死刑確定者」を収容する。

・篤志面接委員

専門的知識や経験に基づき、被収容者に助言指導を行う民間の篤志家をいう。その内容は、被収容者の趣味・教養・技能に関する質問、家庭や職業、将来に関する悩み相談など様々である。

［書籍紹介］

・赤池一将・石塚伸一編『矯正施設における宗教意識・活動に関する研究――その現在と歴史』日本評論社、二〇一一年

龍谷大学矯正・保護総合センターが、龍谷大学社会科学研究所の指定研究助成を受けて行った「矯正施設にお

ける宗教意識・活動に関する研究」（二〇〇八年度～二〇一〇年度）の成果をまとめたもの。第Ⅰ部では、全国の刑事施設の被収容者・教誨師・刑事施設職員に対して行ったアンケート調査の結果がまとめられており、刑事施設における被収容者の宗教意識と宗教活動をめぐる反応、三者に行った調査により、施設内の状況を様々な視点から見ることができる。一般書店でも購入できる貴重な資料である。

・全国教誨師連盟『教誨マニュアル』財団法人全国教誨師連盟、一九九三年

全国教誨師連盟が発行するもので、教誨に関するあらゆる情報がまとめられている。本書は、

・宗教教誨の理念、歴史、課題をまとめた「理論編」
・宗教教誨に関連した諸制度に鑑みつつ、宗教教誨の実際をまとめた「実践編」
・宗教教誨関係法令の抜粋、海外事情、被収容者に関する各種統計からなる「資料編」

の三編より成っている。本書はその冒頭に「矯正教化において、最も大切な心の問題を扱う宗教者にかけられた期待は大きい」という事を示し、宗教者たる教誨師に被収容者を真に受け止める存在になって欲しいという願いが込められた書籍である。

・浄土真宗本願寺派矯正教化連盟『教誨師必携』第四版、浄土真宗本願寺派社会部、二〇一一年

本書は、長年教誨事業に携わってきた浄土真宗本願寺派が編纂したもので、本願寺派の教誨活動の取り組みについて、その歴史から実際の指導計画にいたるまで網羅的にまとめられている。二〇一一（平成二三）年に第四版が刊行され、第三版まででは補えていなかった二〇〇七年の『新法』の施行も含めた、法令資料等の充実がはかられている。なお本論で言及した龍谷大学矯正・保護センターが行った調査結果も反映されている。

第二章
スピリチュアルケアのプラクシスとその宗教的基礎
――病院チャプレンの語りと聖書思想から

柴田 実

1 病院チャプレンとは何か

キリスト教には礼拝を司り、キリスト教の入信儀式である洗礼式や、パンとぶどう酒を通してキリストを記念する聖餐式を執行する聖職者が存在する。キリスト教の聖職者である牧師や神父は、通常、神学校を卒業し、一定期間以上の神学教育を受けている。チャプレンとは、病院や学校等、本来の教会ではない場所にあるチャペル（礼拝堂）付きの聖職者（牧師や神父）のことである[1]。海外に行くと様々な病院、福祉施設、学校等にチャプレンがいる。中には空港にまでチャペルがあって、専任のチャプレンがいる国もある（たとえばフランスのシャルル・ド・ゴール国際空港には、空港専属チャプレンが常駐している）。病院チャプレンも、牧師として神学教育を受けた聖職者であるが、その主な仕事は病院内での礼拝儀式、洗礼式、聖餐式の担当とともに、病院の患者に対するスピリチュアルケアがある。

本章でとりあげる病院チャプレンとは、医療機関である病院に配属される「病院付き牧師・神父」のことで、病院における宗教専門職のことである。[2] チャプレンたちは神学教育や礼拝儀式の訓練に加えて、牧会カウンセリング訓練であるCPE（クリニカル・パストラル・エデュケイション＝臨床牧会訓練）を受けていることが多い。だから病院チャプレンは、医療関係者からは一般的に、スピリチュアルケアの専門職として捉えられている。[3] ただし国内の病院チャプレンにおいては、日本ではあまり組織だったCPEがなされていないため、欧米の病院でCPEを経験して来る者もいる。

そのような病院チャプレンが担う専門的な役割と活動、特に病院チャプレンのスピリチュアルケアが、どのような思想や視点からつくりだされているかについて、医療関係者においても一般社会においても、実はほとんど知られていない。[4] 本章では、国内で最も病院チャプレン歴の長いAチャプレン（五〇代女性、A病院伝道部所属、病院チャプレン歴二五年）にインタビューをし、[5] いくつかのテーマごとに病院チャプレンのスピリチュアルケアの実践の特徴についてまとめている。そして、そのスピリチュアルケアの実践に潜む価値観について、筆者の視点で分析をしている。

2　患者との信頼関係性をベースとする宗教的行為「祈り」

問い：宗教を持たない患者への「祈り」はどのようなものか

答え：実は患者さんとの日々の個人的な関わりの中で祈ることが、すごく多いのですよ。手術前の祈りよりも、もっと多いです。相手との関係を大事にしていくなかでの祈りですね。ですから、わりと一般的に誤解されているような、チャプレン（牧師・神父）が病室に訪問していきなり祈るとか、いきなり聖書を広げて聖書のお話をするとかは、病院チャプレンの働きとして実際まずありませんね。私以外の他の病院チャプレンの方々だって、実際にそういう方はまずいらっしゃらないはずです。

そういうことではなくて、祈りというのは、患者さんとの間でいろんな関係ができてくる中で、初めてなされていくものだと私は考えています。患者さんとの関係のなかで、チャプレンである私自身も祈ることしかできないことや、祈らずにはいられない気持ちになることが多くあります。そんなときに、私の方から「お祈りさせてもらって良いですか」というふうにお聞きするのです。それに対して、患者さんが「お願いします」と言われて祈ることがよくあります。そのなかには、「私のために祈ってくれる人がいるのですね」、と涙を流される患者さんもいらっしゃいました。

祈り（prayer）とは、基本的に宗教的な行為である。[6] 祈りは、人間の宗教性に深く根ざし、通常何らかの応答可能とみられる存在に対して向けられる。キリスト教においては、祈りの内容は神への賛美、信仰や罪の告白、願い、感謝、執り成しなどがあり、個人的に神に祈ること、信仰を共有する者と共に神に祈ること、祈禱式文を通して礼拝やミサのなかで祈ることが求められる。それゆえ、祈りとは、キリスト教においては、個人的であれ共同的であれ、神に何らかの応答を求める行為となっている。牧師や神父などの聖職者においては、神への賛美、信仰告白、罪の告白、願い、感謝、執り成しなどを祈りの基本としつつ、信者からは罪の赦しの祈りや、病の癒やしの祈りなどが求められることが多い。[7]

またキリスト教の祈りは従来、教会という宗教施設・宗教組織の中で実践されてきた。その文脈においては、祈る側と祈られる側という一定の関係構造があった。つまり、祈り手が牧師・司祭であり、祈られる側が信者であるという一定の社会的合意が得られている。ところが、病院という医療機関には、キリスト教信者や宗教的なコミュニティが当然のようには存在していない。たとえキリスト教主義の病院と言えども、そこは基本的に医療機関として運営され、神に祈りを奉げるための宗教的な場所ではない。

しかしチャプレンは、医療機関のなかで、宗教専門職という特殊な立場を持っている。Aチャプレンのインタビューの文言においては、チャプレンと終末期患者との日常的場面において、「個人的な対話関係が生まれること」が強調されている。ただし対話関係がつくられるという患者は、実はほとんどが宗教を持っていないという。正確には、入院患者の大多数において、特定の宗教が本人のアイデンティティとなっておらず、患者本人の自覚として無宗教であることが圧倒多数を占めるという意味である。

Aチャプレンの病院内のプラクシスは、宗教を持たない入院患者に対して、対話関係がベースとなっている。それは、宗教を有する患者に対しても同様である。そこには、宗教家が病人に近づくときに、突然宗教の話を切り出されるのではないか、と一般に抱かれるイメージはない。たとえば、手術を受ける患者は、チャプレンに手術前の「祈り」を要請することが多く、術前の「祈り」は、病院チャプレンにとって重要な業務となっている。[8] Aチャプレンにおいて、「祈り」は、宗教を持たない患者からの要請も多く、チャプレンは病院内で信頼度の高い存在とみなされている。

Aチャプレンにおいて、「祈り」のプラクシスは、徹底的に患者との信頼関係性が重視されている。医療機関における「祈り」は、祈りの合意形成が成立しやすい教会のように、実践は容易ではない。だから、チャプレンには、「祈り」を実践するための土台をつくる必要が求められる。患者への祈りの実施において、第一に信頼関係作りに尽力すべきとAチャプレンが考える背景には、病院内の専門性の問題があるだろう。

病院におけるチャプレンの立ち位置は、医師、看護師、ソーシャルワーカー、臨床心理士などの他の医療スタッフと比較して、非常に専門性を出しにくい立場である。患者の身体面に専門性を有する医師、看護師や、社会面に専門性を有するソーシャルワーカー、心理面に専門性を有する臨床心理士は、当然ながら、医療環境に適合しやすい立ち位置を持っている。それらはチャプレンと比べて、臨床や援助のスタートから「治療」「支援」の方法を明確に表せるし、患者や病院から専門性をそのまま要請される立場にある。医師や看護師のような医療職と比べて、福祉職や心理職は、患者の社会面や心理面を援助の対象とするので、「専門性の出しやすさ」の点では専門職としての葛藤がある。ところが、チャプレンと比較すると、福祉職や心理職はまだまだ圧倒的に有利だと言える。なぜなら、チャプレンの専門性に対しては、患者・家族のみならず、医療スタッフからの認知すら非常に低いからである。

その理由の一つとして、日本人一般の宗教に対する拒否的な価値観の問題がある。チャプレンの本来の専門性は、すなわち、キリスト教牧師としてのアイデンティティと宗教的行為にある。しかし、一般の日本人の傾向として、相手が宗教者であることがわかっただけでシャットアウトされる可能性が非常に高い。だからチャプレンは、患者との関係を断絶させないために、まずは患者との信頼関係のための努力を強調するのである。

そのような、患者との関係の断絶を防ぐための信頼関係作りは、チャプレンにおいて大きな忍耐を伴う。患者との信頼関係が作られなければ、すべてが始まらないからである。そのような信頼関係性のために、チャプレンは、どのような考え方を持って実践をしているのだろうか。基本的にチャプレンはキリスト教牧師であることから、聖書との関係が臨床実践をする上でも大きいと思われる。前出のAチャプレンのインタビュー内容（信頼関係性からつくられる宗教的行為「祈り」）と関連深いとみられる、新約聖書の物語の文章を例示してみたい。新約聖書のマルコ福音書10章46節~52節の言葉を見てみよう。

バルティマイという盲人の物乞いが道端に座っていた。ナザレのイエスだと聞くと、叫んで、「ダビデの子イエスよ、わたしを憐れんでください」と言い始めた。多くの人々が叱りつけて黙らせようとしたが、彼はますます、「ダビデの子よ、わたしを憐れんでください」と叫び続けた。イエスは立ち止まって、「あの男を呼んで来なさい」と言われた。人々は盲人を呼んで言った。「安心しなさい。立ちなさい。お呼びだ。」盲人は上着を脱ぎ捨て、躍り上がってイエスのところに来た。イエスは、「何をしてほしいのか」と言われた。盲人は、「先生、目が見えるようになりたいのです」と言った。そこで、イエスは言われた。「行きなさい。あなたの信仰があなたを救った。」盲人は、すぐ見えるようになり、なお道を進まれるイエスに従った。[10]

この物語の登場人物は、「イエス」と彼の「弟子たち」、「大勢の群衆」、そして「バルティマイ」という盲人の物乞いである。イエスは、道端で盲人のバルティマイと出会う。バルティマイとの出会いまでに、すでにイエスは大勢の病人の病気を癒やし、悪霊を追い出し、奇跡を起こしていた。バルティマイは、イエスを見るとここぞとばかり、イエスに自分の盲の病気を癒やしてもらえると期待した。そして彼は、「ダビデの子イエスよ、わたしを憐れんでください」と大声で叫び続け、イエスは立ち止まってバルティマイを呼び寄せた。そのイエスの招きに対してバルティマイは、自分の上着を脱ぎ捨て、躍り上がって喜んだ。

これらの行動は一見派手に見えるが、目のハンディキャップのある彼にとって、声や言葉は唯一の表現手段である。彼のイエスに対する叫びは、彼の明確な意志の表明であり、切実なニーズである。そんなバルティマイに対して、イエスは「何をしてほしいのか」と問いかけており、バルティマイは、「先生、目が見えるようになりたいのです」と答えたのだった。

この二人の対話の特徴を見ると、二人の間には強い信頼関係が形成されていることがわかる。目の見えない物乞いのバルティマイは、社会的にも医学的にも、当時すでに完全に見放された存在であった。しかしそんな彼にとって、イエスこそが自分の病気や人生を癒やしてくれる決定的な存在であった。イエスは、自分を信じ、癒しを願って止まない愛する者と出会った。そこでイエスは、「行きなさい。あなたの信仰があなたを救った。」と宣言する。その時、盲目の病気の癒やしが実現する。

そもそも新約聖書に頻繁に登場する「信仰」という語は、ギリシャ語原語では「ピスティス」と呼ばれる。「ピスティス」は二つの意味を併せ持つ言葉であり、礼拝対象を信じる「信仰」という意味と、相手のことを信じる「信頼」という意味を持つ[11]。だから新約聖書の「信仰」には、

「信頼」というニュアンスが含まれている。つまり、イエスが語った「あなたの信仰があなたを救った」の意味は、「あなたの信頼があなたを救ったのだ」と読むことができるのである。バルティマイは、疑わずイエスを信頼したから、その信頼こそが神の癒やしを実現したと言える。

Aチャプレンが、宗教を持たない終末期患者とつくりだす信頼関係の実践は、たとえばこのような聖書の思想がベースとされているように思われる。聖書に複数掲載されてあるイエスの治癒奇跡物語では、特に「イエスと病者との関係が深められる時」や、「イエス自身が、病者に対して深い痛みと憐れみを覚える時」に、癒やしが行われる。聖書においては、病者がイエスの癒やしによって治癒されるのは、病者自身が目の前のイエスを自覚的に求めて、深く信頼する場合が多い。その信仰・信頼を確認して、イエスは病者を癒やしている。

このように、Aチャプレンが患者のために祈る時、聖書のイエスと同様の関係性が基盤とされているように思われる。聖書のイエスと同様に、チャプレンの「祈り」は、自分の人格や宗教性に深い関心を抱く患者との関係において初めて実現される。そのような祈りは、①患者がチャプレンとの出会いに喜びを覚え、そこに癒やしの確信と方向性を覚えること、②その癒やしの効果は具体的には誰にもわからないが、少なくとも患者はチャプレンとの関係において、癒やしや救いの可能性を感じていること。そのなかでチャプレンとの信頼関係が生まれ、そこで初めて、「祈り」という宗教的行為の空間がつくられること、が特徴だと言えるだろう。

宗教を持たない患者への「祈り」は、そのような信頼関係のプロセスをふまえて実践されている。もちろん、宗教を持つ患者に対しても、信頼関係をつくらないで「祈り」が行われることは決してない。このように、Aチャプレンにおける、信頼関係性からつくられる宗教的行為「祈り」は、聖書の思想が基礎にあると考えられるだろう。それは、チャプレンのアイデンティティを支える基礎となるものであり、チャプレンにとって、患者との信頼関係の形成作業に耐えうる力や、困難な状況にある患者の臨床から逃げない力、問題をあらたな地平で捉えかえす力として、意味づけられるものだと言えるだろう。

3　臨床現場から逃げないための宗教性
——「人間の限界を超えたもの」に、患者と共に目を向けるための祈り

問い：信頼関係があるなかで、祈ることしかできない状況とは何か
答え：祈ることしかできない状況というのは、患者さん自身が、超えられない壁や限界を前にして行き詰っていて、また私もチャプレンとして、患者さんに何もできないところまで行き詰っていて、それでもお祈りすることを通して、壁や限界を超えたものに一緒に目を向けるという「極限状況」なのです。そのことによって、患者さんご自身が、孤独の中でのつながりとか、支えというものを感じておられるようなのです。［中略］

それはたぶん、私との個人的なつながりというよりは、援助者である私の限界というものがあって、患者さんご自身も限界があるなかで、お互いに人間を超えたものに対する思いの中での「つながり」なんですよね。私と親しくなるとか、そういうことではないと思うのです。「なんで私は、こんなことになったのですか」という怒りもそうです。それは私に向けて訴えられている問いではありますが、私に答えを与えてほしいと言っているわけではなくて、人間を超えた何かに向かって答えを求めてぶつけている叫びなんですね。だから、そういう中で祈ることを通して、私との関係ではない、人間を超えたところに向かって同じ思いで祈るというところのつながりがありますね。だからこそ、「祈り」は本当に大きな力なのだと思います。

Aチャプレンは、患者との深い信頼関係性において行われる宗教的行為、「祈り」について、それが実際になされるのは「極限状況」だと語る。その極限状況とは、終末期の患者自身が超えられない壁、つまり自分の生と死の現実の壁のことである。それはまた、チャプレン自身の援助者としての限界の壁のことをも意味する。チャプレンは聖職者であるが、終末期患者の厳しい臨床場面において、自分自身も確実にその壁に行き詰まるのだという。患者は自分の死の現実を前にして、「なんで私はこんなことになったのか」、と目の前のチャプレンに対して渾身の怒りをぶつける。しかし現実は何も変えられない。そこではチャプレンも一人の人間として、苦しむ患者に対して一切の知恵も技術も通用せず、ただ患者の怒りを受けることしかできない。チャプレン自身も患者とともに絶望的になり、お互いに行き詰まる存在となる。

対人援助職、医療職の常識から見れば、終末期患者の死の現実における絶望や無力に対して、これ以上なす術はないと考えるのは常識的である。ところがAチャプレンは、このような極限状況を、「壁や限界を超えたものに（患者と）一緒に目を向けるという状況」と意味づけている。この意味づけができ得る根拠は何だろうか。ここでも、新約聖書の物語の文章を例示してみたい。新約聖書のマルコ福音書14章32節～36節を見てみよう。

> 一同がゲッセマネという所に来ると、イエスは弟子たちに、「わたしが祈っている間、ここに座っていなさい」と言われた。そして、ペトロ、ヤコブ、ヨハネを伴われたが、イエスはひどく恐れてもだえ始め、彼らに言われた。「わたしは死ぬばかりに悲しい。ここを離れず、目を覚ましていなさい。」少し進んで行って地面にひれ伏し、できることなら、この苦しみの時が自分から過ぎ去るようにと祈り、こう言われた。「アッバ、父よ、あなたは何でもおできになります。この杯《さかずき》をわたしから取りのけてください。しかし、わたしが願うことではなく、御心《みこころ》に適うことが行われますように。[12]」

この聖書の物語は、十字架刑に架かる直前のイエスの祈りである。しかしその祈りの状況は、イエス自身が「ひどく恐れてもだえ」るものであり、その祈りの内容は「わたしは死ぬばかりに悲しい」、「地面にひれ伏し、できることならこの苦しみの時が自分から過ぎ去るようにと祈り……」と悲しみを表出するものであった。イエスは「神の子」の身分であるにもかかわらず、その神が死を恐れて悲しむという、信じ難い事態が起きている。

しかしこの部分に、Aチャプレンが、チャプレンとして、宗教家として、患者と共に限界に立とうとすることのベースがあるように思える。Aチャプレンが信仰するイエス・キリストですら、人々を救うために十字架に架けられ、殺される直前に、苦悩に満ちながら祈るという極限状況があった。Aチャプレン自身も、極限状況のイエスをモデルとして、自分の限界をイエスの限界と重ねて、「壁や限界を超えたものに、（患者と）一緒に目を向けるという状況」に立ち続けているように思える。臨床の極限状況において、チャプレンとして患者から「逃げないで」立ち続ける根拠が、ここに示されているように思える。さらに、旧約聖書の詩編56編２節～14節を見てみよう。

神よ、わたしを憐れんでください。わたしは人に踏みにじられています。戦いを挑む者が絶えることなくわたしを虐げ、陥れようとする者が絶えることなくわたしを踏みにじります。高くいます方よ、多くの者がわたしに戦いを挑みます。恐れをいだくとき、わたしはあなたに依り頼みます。神の御言葉を賛美します。神に依り頼めば恐れはありません。

肉にすぎない者がわたしに何をなしえましょう。……あなたはわたしの嘆きを数えられたはずです。あなたの記録にそれが載っているではありませんか。あなたの革袋に、わたしの涙を蓄えてください。……あなたは死からわたしの魂を救い、突き落とされようとしたわたしの足を救い、命の光の中に、神の御前を歩かせてくださいます。[13]

この祈りは、旧約聖書時代のイスラエル王ダビデの祈りであり、旧約聖書の詩篇の祈りである。自分を迫害する民族から包囲された状況のなかで、ダビデは神に祈る。「戦いを挑む者が絶えることなくわたしを虐げ、陥れようとする者が絶えることなくわたしを踏みにじる」という困難な状況において、ダビデは、「神よ、わたしを憐れんでください」と神に依り頼む。しかし一方で、「あなたはわたしの嘆きを数えられたはずです。あなたの記録にそれが載っているではありませんか」と、ダビデは自分の直面する苦しみの現実について、神はなぜ助けてくださらないのか、なぜ守ってくれないのかと疑問と抗議の言葉を吐いているのである。これは、神学的・哲学的には、「神義論」と呼ばれるものである。[14] 神が全能でありかつ善であるとするなら、その神の創造によるこの世界はやはり善であるはずだが、世界に生起する事柄（災難、不公平など）は、悪の様相を呈している。そこでは、全能で善なる神への信仰と、現実観察との間に苦しい葛藤が生じており、この調停の思索が神義論である。

しかしこれも、Aチャプレンが、患者と共に、限界の向こう側にいる存在に向けて語るベースとなるものである。祈りとは、必ずしも、神への感謝などの肯定的な内容だけではない。ダビデの祈りのように、祈りは神に対する怒りであったり、抗議であったりもする。その祈りは多くが、苦難や艱難の状況下においてなされる言葉である。Aチャプレンにとって、旧約聖書の詩編の祈りりは、終末期患者の極限状況の臨床を支えるベースとなっているように思われる。

4 「神—人間」縦構造のケア
——人格的な超越的存在から、「赦《ゆる》しの答えを求める」というスピリチュアリティ

問い：スピリチュアリティを使ったスピリチュアルケアとは何か

答え：宗教を持っていない患者さんから、「懺悔するときはどうしたら良いのですか」と質問を受けたり、一通りいろいろしゃべった後に「この話は、実は私の懺悔なのですけどね」とか告白をされたりすることがよくあります。突然「実は一五年経った今言えるのだけれども、自分の妹が死んだのは私のせいなのです」ということを切り出してこられて、そんな自分は本当に赦されるのかどうか、というような相談を受けることもありました。私は病院チャプレンとしての臨床経験が二〇年以上になりますけど、スピリチュアルケア実践の中で特に思うのは、患者さん本人にとって個人的に関わりを持つ「人格的な超越的存在」というものが、

すごく大きいと思っています。それはまず、「赦し」の問題です。これまで患者さんから「私は、赦されるのですか?」とか、「私は懺悔が必要なのではないでしょうか?」という質問や言葉を山ほど聞いてきました。〔中略〕

「懺悔」などという言葉は、日本人が普通日常生活では使いませんよね。赦しの問題や懺悔という言葉が使われる患者さんの話のなかで、患者さんは過去を背負っている現在の自分が赦されるという、絶対的な権威がほしいのです。そこには莫然とした超越性やまた自然というものはない。患者さんは宗教を持っているかどうかに関係なく、「あなたを赦します」、「あなたは赦されている」という宣言がほしいのです。それは自分の存在や人間を超えた神様との、一対一の関係ですね。特に死を前にして切羽詰まっている方は、やはり「大丈夫です。赦されますよ」という人格的な「答え」こそを必要としています。スピリチュアルケアの実践に関わってあらためて思うのは、患者さんが人生を閉じるときに、自分の罪が赦されているかどうかという問題は、すごく大きいということですね。〔中略〕

自分の生きている意味や価値への問いかけは、いろんな人が例えば、「あなたは本当に大事な人だから」というメッセージを伝えることで、患者の生きる価値を見いだすことができるのかもしれません。けれども、それだけではやっぱり収まらないものがあるのだと、私は痛感しているのです。人と人との横の関係で出来るケア、つまり、看護師やソーシャルワーカーなどによる痛みへの共感や傾聴のケアも大切ですが、そのケアに限界が来たときに、人間を超えた縦の関係というか、そこでしか「答え」が見つからない問いかけがあると思うのです。そこで生じている痛みを、私はスピリチュアルペインだと考えています。「どうして自分は病気になったのだろう」とか、「どうして自分がこんな苦しみに遭わなければならないのか」という、究極的な問いかけですね。つまり、横の関係だけでなく、縦の関係へのアプローチですよね。「命は単に自分のものではなくて、神様から預かったものであって、そうであるならば、神様は必ずその人を最後まで守ってくれるはずなのだと」。そういう縦の関係でしか乗り越えられないところが、実際の臨床場面ではおおいにあるのです。私自身が考えているスピリチュアルケアというのは、そのようなスピリチュアルペインに対して、神様との縦の関係の中で答えを見つけられるように援助することなのです。

キリスト教において罪の赦しは、通常はカトリック教会の司祭による、赦しの宣言がある。それは「告解」と呼ばれる宗教的行為であるが、神の前で罪を告白し、赦されたいと願うキリスト教信徒に対して、司祭は神の代理人として「赦し」の宣言を行う。神の代理人から「赦し」を宣言されると、罪に苦しんでいた信者の罪は「赦される」。

しかし、神への罪の赦しのニーズは、キリスト教信者だけにあるものではなかった。Aチャプレンの二〇年以上に及ぶスピリチュアルケア臨床においては、特定の宗教を持たない多くの患者からも、赦しのアンサーを求めてチャプレンの面談が要請されていた。罪責感の問題に対するケアについて、Aチャプレンは、「人と人との横の関係で出来るケア、つまり、看護師やソーシャルワーカーなどによる痛みへの共感や傾聴のケアも大切ですが、そのケアに限界が来たときに、人間を超えた縦の関係というか、そこでしか『答え』が見つからない問いかけがあると思うのです。」と語る。宗教を持たない患者も、人間の限界を超えた人格的存在から、苦しみの意味の答えや罪の赦しを願う現実があるのである。

そこで、Aチャプレンは、終末期患者へのプラクシスについて、宗教的なスピリチュアリティを通したケアの必要を語っている。「スピリチュアルケア実践の中で特に思うのは、患者さん本人にとって個人的に関わりを持つ『人格的な超越的存在』というものが、すごく大きいと思っています。それはまず、『赦し』の問題です。患者さんは過去を背負っている現在の自分が赦されるという、絶対的な権威がほしいのです」。この視点は、実際に患者がAチャプレンに対して「あなたを赦します」「あなたは赦されている」という宣言を求めた体験から語られている。[15]

横と横の人間関係では到底乗り越えられない問題に到達した時に、患者は、縦の関係でしか答えられないものと出会う。「命は単に自分のものではなくて、神様から預かったものであって、そうであるならば、神様は必ずその人を最後まで守ってくれるはずなのです。そういう縦の関係でしか乗り越えられないところが、実際の臨床場面ではおおいにあるのです」。そのような、「罪の赦し」というキリスト教スピリチュアリティを使用したケアの根拠となるような聖書の思想は、次の物語が挙げられるだろう。新約聖書のヨハネ福音書8章1節〜11節を見てみよう。

イエスはオリーブ山へ行かれた。朝早く、再び神殿の境内に入られると、民衆が皆、御自分のところにやって来たので、座って教え始められた。そこへ、律法学者たちやファリサイ派の人々が、姦通の現場で捕えられた女を連れて来て、真ん中に立たせ、イエスに言った。「先生、この女は姦通をしているときに捕まりました。こういう女は石で打ち殺せと、モーセは律法の中で命じています。ところで、あなたはどうお考えになりますか。」イエスを試して、訴える口実を得るために、こう言ったのである。イエスはかがみ込み、指で地面に何か書き始められた。しかし、彼らがしつこく問い続けるので、イエスは身を起して言われた。「あなたたちの中で罪を犯したことのない者が、まず、この女に石を投げなさい。」そしてまた、身をかがめて地面に書き続けられた。これを聞いた者は、年長者から始まって、一人また一人と、立ち去ってしまい、イエスひとりと、真ん中にいた女が残った。イエスは、身を起して言われた。「婦人よ、あの人たちはどこにいるのか。だれもあなたを罪に定めなかったのか。」女が、「主よ、だれも」と言うと、イエスは言われた。「わたしもあなたを罪に定めない。行きなさい。これからは、もう罪を犯してはならない[16]」。

この聖書の物語は、娼婦の立場の女性が、男性客との性交渉時に逮捕されたという設定となっている。当時のユダヤ教宗教社会では、配偶者以外との性交渉は姦淫の罪として、女性の側が厳罰を処せられていた。この物語では、性交渉の相手の男性は罪に咎められず（おそらくすでに逃亡している）、女性だけが複数の宗教者陣営に捕獲されて、イエスの前に連行されている。ユダヤ教宗教社会においては、モーセ律法は絶対的権威を持ち、姦淫の罪に対して法が執行されるならば、女性は処刑されることになっている。律法学者やファリサイ派の人々がイエスに返答を求めたのは、イエスがこのケースに関してモーセ律法の執行を否定するならば、イエスを神の法を否定する法律違反者として逮捕する企みがあったからである。

しかしこの問いかけに対して、イエスはまったく意表を突いた返答をする。律法学者やファリサイ派の人々に対して、「あなたたちの中で罪を犯したことのない者が、まず、この女に石を投げなさい」と語るのである。するとこれを聞いた者は、年長者から始まって、一人また一人と、立ち去ってしまった。イエスの返答の意図は、モーセ律法を死守しようとする彼らに対して、宗教者サイドの彼ら自身が、これまで真に神の掟である律法を守ったことがあるのか、という反論であった。つまり、完全に神の法を守れていない者が、一度の違反者を裁く権利はないという主張である。これを聞いた律法学者やファリサイ派の人々は、自分たちもこれまでの社会生活や長い人生の行為をふりかえってみて、自分たちも神の掟を完全に守り切れない罪ある存在であることを否定し切れず、それをイエスからさらに追及されることを恐れ、全員その場から離れて去ったのである。

この物語の最後に、イエスは女性に告げる。「わたしもあなたを罪に定めない。行きなさい。

これからは、もう罪を犯してはならない」。イエスは神の子であり、女性を律法によって裁く権利や権威があるお方である。しかし、そのイエス自身が、姦淫の現場で逮捕された女性の罪を「赦す」。本来ならば、罪を言い渡されて処刑されるはずの罪が、イエスという神によって赦されるのである。聖書の当時の社会状況においては、女性の社会的地位は著しく低く、女性に人権などは考えられていなかった。ひとたび夫との婚姻関係から捨てられた女性は、経済的に生きる道が完全にふさがれてしまい、そのまま餓死するか、あるいは多くが娼婦となって、なんとか生存を可能にしていたという悲惨な状況であった。だからこの女性も、過去に多くの深い人生の傷があり、ただ生きるために死刑にあたる罪を犯していた悲惨な人間であった。

そのような女性が、ある時、神と出会う。その神は、その女性の罪を数えない。罪は罪としてみなされても、イエスはその罪を慰め、赦す神であった。このイエスの赦しの物語は、Aチャプレンが宗教を持たない末期患者について語る、「自分が赦されるという絶対的な権威」のモデルとなっている。

おわりに

以上、宗教専門職であるAチャプレンのスピリチュアルケアの実践に、どのような価値観や思想がベースとされてあるかについて、筆者の視点からいくつかの考察をおこなってきた。Aチャプレンのスピリチュアルケアには、極限状況の患者から「逃げない」ケアを行うための根拠が、聖書のキリスト教思想にリアルに置かれているように思われる。医師、看護師、ソーシャルワーカー、臨床心理士などの一般医療・対人援助職と異質なチャプレンのプラクシスは、この点がおおいに関係しているように思われる。

Aチャプレンのインタビューにあるように、極限状況の患者へのケアはチャプレン自身においても限界を知る領域であり、その臨床はまさに人間の能力では不可能である。しかし、その極限の次元においては、キリスト教聖書思想がスピリチュアルケアのベースとなることにより、チャプレン自身を超えた超越的な次元での臨床を構成することが可能となるのだと思う。

つまり、チャプレンは、聖書の神の働き、神の救済の行為を、自分の困難なケースに対する臨床モデルとすることができるということである。それによって、自分にとって解決不可能な問題に対しても、その問題や現場から自分自身が後退しないための力を得ることができるのである。それはいかなる困難ケースに対しても、神からの守りと癒やしが伴うという臨床空間の意味づけを持つということである。それによって、どれほど絶望的な臨床ケースに対しても、専門職として「最後までふんばる」ことが可能となるのである。病院チャプレンのスピリチュアルケアには、そのような宗教性があると言えるだろう。

しかし反面、チャプレンのスピリチュアルケア・プラクシスは、本来の「伝道」「布教」のニュアンスとはずいぶん異なるものである。宗教者が患者に対して、宗教教理を伝道し布教するという一般的イメージは、チャプレンのスピリチュアルケアの実践においては、積極的には感じられない。教会の専属者として働く牧師・神父と比べると、イメージの違いが明白であろう。なぜなら、チャプレンの患者との関係性が、一貫して、チャプレン自身において伝道の志向性を持ちつつも、「臨床」「ケア」としての意味づけにおいて捉えられているからである。そのような意味づけにおいて、チャプレンが病院のスピリチュアルケアにおいて実践しているのは、①生と死の極限状況の分析や援助方法のために、聖書から生と死の意味や価値を抽出すること、②そこから自分自身の生と死に関する宗教的意味づけを形成し、形成された自分の宗教性・死生観・価値観をツールとして患者に提示すること、③その宗教性・死生観・価値観のツールを活用して、患者のスピリチュアリティ（Spirituality）やスピリチュアルペイン（Spiritual pain）をサポートすること。④患者との信頼関係の形成が、これらの作業の目標とされていること、なのである。これらは一言でまとめると、〈臨床実践のための宗教・信仰の解釈作業〉であると言えるだろう。

筆者は現在、宗教・宗派の壁を越えて、宗教的な看取りを行うための智慧を学ぶ場として、首都圏で東京看《み》とり人プロジェクト（TMP）・スピリチュアルケア教育講座を立ち上げ開講している。その講義カリキュラムのなかで、キリスト教牧師と仏教僧侶の講座スタッフが、「ケアについて語り合う」講義を行っている（死生観の授業）。たとえば、一般日本人の死後観・霊魂観の問題について、特定の自覚的な宗教的信仰を持たない人が、死別の問題において「死んだら御先祖様が迎えに来られる。」「天国でまた会おうね。」と語ることが一般的に多い。医療・福祉の専門職においても、そのような死生観を持っている傾向をよくみる。そのような社会通念について、キリスト教における死後のキリストの再臨や最後の審判の教理と、仏教の輪廻思想・六道の教理とを比較検討すると、一般日本人の死後観・霊魂観は、キリスト教思想のみならず仏教思想ともまったく異質で、独自な死生観を持っていることがわかるのである。臨床やケアの次元における生と死の意味の問題を分析する際に、伝統宗教はそれぞれ、非常に豊かな対話の場所を与える存在になっている。これはケア・臨床のための死生観の整理であるが、〈臨床実践のための宗教・信仰の解釈作業〉である。

この宗教の解釈作業は、あくまで、援助されるべき患者との信頼関係の構築を目的とする行為である。Aチャプレンにおいて、スピリチュアルケア実践のベースとして考えられる聖書思想は、いずれも神と人間の間において、信頼関係形成が描かれる物語や教えに限られている。病院チャプレンが関わる患者は、ほとんどが自覚的宗教信仰を持たない患者たちであるが、チャプレンは特定の宗教的立場に立ちながらも、ケアを必要とする者のために自分の宗教・信仰を捉え返し、患者の必要に応じてそれを活用しようとする。つまり、相手との関係性構築が動機となるような、宗教の解釈作業である。そのようなプロセスにおいて、しっかりと目の前の患者と関わることが可能となる。

伝統宗教を、臨床やケアの次元で語り直す作業は、我々の日本社会ではめずらしいことであるかもしれない。日本社会の多くの場所で、宗教を公の場から遠ざけようとする傾向があるなかで、その本流に抗うことは大変なエネルギーを要する。しかしそれを通して、自分の属する宗教・信仰を新たに捉えなおすことができるし、異なる宗教や異なる価値観に対して新たな発見を見出し、関係を形成することができるのではないか。病院チャプレンという宗教専門職は、まさにその真ん中を歩くプロフェッショナルと言えるだろう。それは、一人の人生の苦しみや悲しみへの共感のために、あえて重い十字架を背負って、自分自身を晒し続ける存在である。しかしその歩き方には、普通にはない世界の見え方が伴っているのだと思う。

[注]

1 病院チャプレンは、近年ではキリスト教牧師・神父以外に、仏教僧侶のチャプレン（ビハーラ僧）がいる。

2 これまで病院チャプレンに関する一般書がいくつか出版されている。藤井理恵／藤井美和『たましいのケア――病む人のかたわらに』いのちのことば社、二〇〇〇年。森山健也『ホスピスでの語らいから』いのちのことば社、二〇〇一年。中島修平『ホスピスの窓から――生みの痛みの神学』キリスト新聞社、一九九三年。

3 近年、宗教専門職である病院チャプレンの病院内の位置づけや役割に関する研究として、菊井和子／山口三重子／田村恵子「わが国の緩和ケア病棟におけるスピリチュアルケア提供者の現状と課題――宗教者の関与に視点を当てて」八三～八八頁（『死の臨床』第二九巻第一号、日本死の臨床研究会、二〇〇六年）。沼野尚美「チャプレンのスピリチュアルケアの実際」四五五～四五八頁（『緩和ケア』第一五巻第五号、青海社、二〇〇五年）。仏教僧侶のチャプレンの役割に関する研究論文は、打本弘祐「医療臨床における僧侶の役割についての一試論」、一四～一五頁（『印度学佛教学研究』第五八巻第一号、日本印度学佛教学会、二〇〇九年）がある。なお、ビハーラ僧と呼ばれるチャプレンたちの活動も参照されたい。

4　筆者は、柴田実／深谷美枝『病院チャプレンによるスピリチュアルケア――宗教専門職の語りから学ぶ臨床実践』、三輪書店、二〇一一年において、病院チャプレンの動機とケア理念のインタビューを分析している。

5　A病院（六〇〇床規模のうち緩和ケアに一一床）は、病院内に緩和ケア病棟を持つ病院内病棟型ホスピスで、地域的には関西圏に位置する。キリスト教プロテスタントB教団に属する病院で、ホスピス運動の西の草分け的病院である。敷地内にチャペルがあり、職員礼拝も実施している。クリスチャン職員の割合は一二パーセントであり、他のキリスト教系病院よりは高いと言える。全人的医療を前面に出しており、質を求めて入院して来る患者も多い。チャプレンは専任六名で、牧師は二名であるが、他のスタッフも全員国内外の正規の神学教育を受けている。

　インタビュー対象となったAチャプレンは五〇代前半女性で、薬科大学卒業後、会社同僚の自死の体験を経て関西学院大学大学院神学研究科に進学。神学修士学位取得後、三年間教会伝道師を経験し、姉の病気を契機に病院チャプレンを志しA病院に就職、現在に至る。

　インタビューは、二〇一〇年に一回、A病院内にて半構造面接（一八〇分間）を実施した。

6　岩波書店『岩波キリスト教辞典』二〇〇二年、九六頁。

7　キリスト教牧師・神父による「罪の赦し」「病気の癒し」については、以下を参照。Jアブリ『病者の塗油の秘跡――痛みを和らげ弱さを強める聖なる油』中央出版社、一九八九年。森一弘『愛とゆるしと祈りと――新しいキリスト教入門』サンパウロ、一九九五年。岩島忠彦／井上英治編著『罪と恵み――神の前に立つ人間』サンパウロ、一九九六年。

8　スピリチュアルケアにおける祈りのサポートに関する海外の研究は、以下を参照。Ashley, W.W.C.,Samet, R.L.,DMin, R.R.,Ali,A.,Billings,D., Davidowitz-Farkas,R.Z.,'Cultural and Religious Considerations', p.237, Roberts,R.S.B., Ashley, W.W.C., *Disaster Spiritual Care:Practical Clergy Resonses to Community, Regional and National Tragedy*, Skylight Paths, 2008. Longaker,C., *Facing Death and Finding Hope: A Guide to the Emotional and Spiritual Care of the Dying*, Broadway, 1997. p.114.

9　A病院伝道部では、正規チャプレンは、所属キリスト教団体より牧師として按手を受けた者二名、神学教育を修了したけれどもキリスト教団体より牧師按手を受けていない者二名が在籍している。また首都圏のあるキリスト教系病院では、正規の神学教育を受けていない前職が看護職、福祉職で、病院所属のキリスト教団体や教育団体の任命でチャプレンとして採用されているケースがあった。

10 新約聖書 マルコ福音書10章46節～52節。『聖書 新共同訳 旧約聖書続編つき』日本聖書協会、二〇〇〇年。

11 Mounce, W.D., *The Analytical Lexicon to the Greek New Testament*, Zondervan, 1993, p.375.

12 新約聖書 マルコ福音書14章32節～36節。『聖書 新共同訳 旧約聖書続編つき』日本聖書協会、二〇〇〇年。

13 旧約聖書 詩編56編2節～14節。聖書 新共同訳 旧約聖書続編つき』、日本聖書協会、二〇〇〇年。

14 岩波書店『岩波キリスト教辞典』二〇〇二年、五八三頁。H・S・クシュナー、斉藤武訳『なぜ私だけが苦しむのか――現代のヨブ記』岩波現代文庫、二〇〇八年。神義論について哲学と神学の関係から論究したものは、芳賀力『自然、歴史そして神義論――カール・バルトを巡って』日本基督教団出版局、一九九一年が詳しい。

15 義平雅夫「スピリチュアルケアとチャプレンの働き――宗教性・超越性に着目して」九九～一二〇頁（窪寺俊之、平林孝裕編著『続・スピリチュアルケアを語る――医療・看護・福祉への新しい視点』関西学院大学出版会、二〇〇九年）。

16 新約聖書 ヨハネ福音書8章1節～11節。『聖書 新共同訳 旧約聖書続編つき』日本聖書協会、二〇〇〇年。

［キーワード］

・神義論《しんぎろん》

終末期臨床において患者から強く発せられる痛みに、「なぜわたしはこのような苦しみを受けなければならないのか？」「自分の病気は神の罰なのではないか？」「わたしの生きる意味はどこにあるのか？」がある。これらは自分の絶望的な苦しみの意味を問う「痛み」（スピリチュアルペイン）であり、スピリチュアルケアが最も求められるニーズである。神義論について特に読みやすい著書は、H・S・クシュナーの『なぜ私だけが苦しむのか――現代のヨブ記』（斉藤武訳、岩波現代文庫、二〇〇八年）がある。

・東京看《み》とり人プロジェクト（TMP）

二〇一一年にキリスト教牧師、仏教僧侶により東京・首都圏で立ち上げられたスピリチュアルケア教育団体。

傾聴スキル・自己洞察の基礎トレーニング、スピリチュアルケアの概論とケーススタディ、キリスト教と仏教の死生観、スピリチュアルケアの病院実習・スーパービジョンのカリキュラムで構成されている。医療・福祉の対人援助技術に、宗教的死生観の導入を試みた教育内容である。筆者が主任プロデューサー兼スーパーバイザーを務めている。

〔書籍紹介〕

・柴田実／深谷美枝『病院チャプレンによるスピリチュアルケア――宗教専門職の語りから学ぶ臨床実践』三輪書店、二〇一一年）

極限状況とは、臨床現場において患者、援助者においても、医療行為のみならず対話や傾聴、共感という基本的な関係性すら限界となるような、何もすることができないことがわかるステージ。このステージにおいてスピリチュアルケアが要請される。本著では、がん患者の極限状況へのスピリチュアルケアのケーススタディが掲載されている。

第三章　自死対策における宗教者の役割

宇野全智・野呂 靖

はじめに

「もう死んだほうがましです」「早く楽になりたい……」。週末深夜、相談者の声に耳を傾ける電話相談員が最も緊張する瞬間である。二〇一二年四月より全国で開始された二四時間フリーダイヤルの電話相談「よりそいほっとライン」（一般社団法人 社会的包摂サポートセンター）には現在、一日に二万件近い相談が寄せられている。その多くが自死（自殺）を考えるほどの苦悩を抱えた方からの相談であり、緊急の対応が必要と思われる深刻なケースも多い。相談件数の多さは、まさに自死をめぐる日本社会の現状を端的に表しているといえよう。

周知の通り、日本社会の自殺率は先進諸国のなかできわめて高い状況で推移し続けている。世界保健機関の調査によれば、日本はロシアや東欧諸国につぐ高率を示しており、東アジア諸国のなかでは、近年増加傾向がみられる韓国についで第二位の位置を占めている。日本における二〇一二年の自死者数は二万七七六六人（二〇一三年二月警察庁発表）であり、一九九八年以降一四年連続して三万人を超えていた状況からやや減少したものの、依然として高い水準を示している。なかでも、二〇代・三〇代の若年層における死因の第一位は自死であり、近年では厳しい就職活動に絶望した大学生が、自ら命を絶つケースも急増している。

また、大切な方を自死によって亡くした遺族の存在も忘れてはならない。自死問題に取り組むＮＰＯ法人「ライフリンク」の推計によれば、一人の方が自死でなくなった場合、その配偶者や兄弟姉妹・両親・子供など、心理的・経済的にきわめて大きな影響をうける者はおよそ四〜五人とされる[1]。したがって、毎年約一二万人から一五万人の遺族が新たに生まれているということであり、まさに自死は、「他人事」ではない、日本社会に生きる私達自身の問題であるといえよう。こうしたなか、国は二〇〇七年の「自殺総合対策大綱」において、自死の実態把握、うつ病対策や労働観の見直し、国民一人ひとりの関心の喚起、医療・地域・民間団体との連携を訴えるなど、自死を念慮する本人を広く包みこむネットワーク作りを模索している。

さて、宗教者は自死の問題に対し、従来、葬儀などの場面や檀（門）信徒・信者の相談対応などを通して、深い関わりを有してきた。また、宗教的価値観を共有する社会と自殺率には相関性が認められるなど、宗教は、文化・社会の基底にある思想や規範を形成する重要なファクターの一つとなってきた。その意味で、人々の苦悩に向き合い、死別の問題に携わってきた宗教者がこの問題に関わる責務は大きい。

一方、宗教者による自死問題への関与については多くの課題も指摘されている。自死念慮者（死にたいという気持ちを有し、自死について思いをめぐらしている者。希死念慮者）や遺族と多くの接点があるにもかかわらず、十分に対応しきれていない点をはじめ、なかには配慮のない教義解釈にもとづく発言によって、遺族が深刻な精神的被害を受けるケースも報告されている。自死は、遺された者にきわめて大きな影響を与える。それだけに、その死をどのように理解するかという「死生観」と深く関わる。まさに宗教者の本領が発揮される領域であるが、たんに宗教者であるというだけで自死の問題に関わる能力やスキルがみずからにあると考えることはきわめて危険である。自死に対する正確な知識と経験、そして人の生死に深く関わることへの責任という自覚が強く求められる。

このように、自死問題をめぐって宗教者には多くの期待と可能性があるものの、具体的にどのように関わってよいか、いまだ手探りの状況が続いている。宗教者はどのように関わり、何をなしうるのだろうか。

本章では、そうした課題を考えるにあたり、近年、自死遺族支援と念慮者支援の分野において、大きく取り組みを進めてきた教団のうち、曹洞宗と浄土真宗本願寺派という二つの仏教教団の活動を取り上げ、仏教教団としてどのように関わることができるか、その成果と課題を報告し、宗教者による自死対策への可能性を考えてみたい。

1　自死問題における仏教教団による取り組みの意義

仏教教団が自死問題になぜ関与するのか。また、そこにどのような意義が見いだせるのだろうか。一見きわめて自明のことのように思われる問いであるが、教団レベルで自死問題に関与していく場合には、この点が重要な問題となる。そこで今、あらためて整理するならば、次の四点が指摘できる[2]。

①自死問題への僧侶の必然的な関係性
②僧侶の資質向上
③教義と自死問題
④宗教教団の社会倫理、社会意識への責任

①については、僧侶は葬儀・法事などの場において、必然的に自死遺族と関係する立場にある。自死問題は、しばしばプリベンション（prevention―事前予防）、インターベンション（intervention―危機介入）、ポストベンション（postvention―事後対応）の三つのフェーズによって論じられる[3]。プリベンションとは、「自死予防」の領域に相当し、文字通り自死が起こる以前の段階において、

相談窓口やセルフケアの情報を提供し、早い段階で専門的な医療につなげ、自死に至るリスクを低減するものである。インターベンション（危機介入）は、「自死防止」とも呼ばれる領域であり、自死の危険性がきわめて高い段階において直ちに救急的な措置を施す。そして、ポストベンションは自死が生じた後の段階において、遺された家族や友人などの心理的ケアを行う領域であり、具体的には「遺族支援」が相当する。

さて、このなかでポストベンションは、自死念慮者・企図者（未遂者）への直接的ケアでないため、これまで十分な対応に欠けてきた面がある。しかし後述するように、遺族はきわめて大きな悲嘆を抱えており、場合によっては連鎖的な自殺を生じることもあって、自死対策の重要な部分を占めている。こうした状況にある遺族が、喪失体験の直後に接触する第三者の中に僧侶は含まれるのであり、本来は僧侶が遺族ケアの役割を果たすべきであるが、現状では十分なサポートができているとは言い難い。場合によっては僧侶自身の偏見に基づいた言動によって、遺族への心理的なダメージを助長するケースさえあると指摘されている。こうした事態に対して、僧侶に向けて自死理解の基本的な情報提供を行う責務が教団にはあると考えられる。

②は①と関連している。僧侶は①で述べたように、自死問題に直接的に関係している。しかし、自死問題へ十分に関与できていないのは、やや厳しい言い方をするならば僧侶の資質の欠如と関連していると考えられる。たとえば仏教は「愛別離苦」を基本教義の四苦八苦の一つとして説いており、別離に伴う苦しみは、僧侶の専門的な領域と言ってもよい。しかし現実には、悲嘆受容

のプロセスに十分に関与できていないケースがしばしば指摘されている。[4] 僧侶の本来的な資質の向上、とりわけグリーフ・ケアに関する能力の向上が求められる。

③は、①②に深く関連している。僧侶がポストベンションにおいて有効な関与ができない、あるいはかえって心理的ダメージを与えてしまっている背景に、教義理解の問題、またその教義をどのように現場で活用するかという問題がある。聖典における自死の記述や、そこに示される理解を現実の自死問題への対応とどのように整合させていくかという検討は、これまで必ずしも十分になされておらず、そのことにより、現実の対応に戸惑いが生じ、教義に由来する偏見をも生じさせてきた。各教団の聖典テキストに基づいた正確な教義上の理解を提示していくことは教団が自死問題に関わる意義のなかでも最も大きいといわねばならない。[5]

④はより総合的な視点である。宗教は信仰を通して、社会意識を形成してきた側面がある。従来の自死と宗教に関する学問的な考察の多くは、この視点からなされてきた。宗教（宗教教団）が社会に存在する意義として、教義や信仰、教団としての活動が社会の健全性を担保してきたという役割を無視することはできない。自死は日本社会にとって深刻な課題である以上、まさに社会内存在として、教団（僧侶）は自死問題に関与する責務があるといえよう。

2　自死問題への取り組みの歴史

それでは仏教界は自死にどのように向き合ってきたのであろうか。仏教教団による自死対策への取り組みは、キリスト教界などに比して立ち後れが指摘されてきたものの、必ずしも活動が行われてこなかったわけではない。ここでは日本の仏教界における近年の活動の状況を、活動形態から便宜上三期に分類し概観しておこう。

第一期――個人活動期

第一期は、年間自死者数がはじめて三万人を超えた一九九八年以前から取り組まれてきた活動を中心とするものである。第二次世界大戦後、自殺率が高くなった時期は、一九五〇年代半ば、一九八〇年代半ば、そして一九九八年以後の三回が数えられる。一九五〇年代の増加は戦後復興期の若者による自死であり、八〇年代には世界的な石油危機後の不況に関連した中年男性の自死の増加である。一九九八年以降は、いわゆるバブル経済の破綻による経済状況の悪化が背景にあり、都市部の男性による自死が顕著にみられる。このように、社会経済的な要因が自殺率には大きく影響を与えている[6]。

さて、この時期は、教団レベルなど組織的な活動をみることはできず、①電話相談を通じて自死念慮者への対応を行ってきた「いのちの電話」（一九七一年／東京いのちの電話設立）や各地の民間自殺防止団体などに所属した活動、②地方自治体の心理専門職や地域の民生委員として念慮者・遺族との関わりを持ってきた活動、③寺院における従来の法務を通した、個人的な活動などに分類できる。これらは、必ずしも直接的な自死対策に特化した活動ではなく、また参画した人数も限定的であり、個人同士の連携にとどまるなど十分にネットワークを活かした活動にはなっていない。しかし、僧侶・寺院という地域と密接に関わる宗教者の活動が具体的な自死対策へとつながっているものであり、こうした各僧侶による地道な活動から、第二期以降の連携的な対策が生まれてくると考えられる。

第二期――連携期

この時期は、一九九八年に自死者数が前年の二万四三九一人から三万二八六三人へと急増し、社会問題としての認知が大きく拡がった時期である。とくに従来、個人単位であった取り組みが、僧侶や寺院同士における連携へと展開していくようになり、宗教者自身が自死問題に意識的に取り組み始めた時期ということができよう。

そうした活動の一部としては、曹洞宗の篠原鋭一氏がすでに一九九〇年初頭から始めていた自死念慮者への相談活動（後、二〇〇三年に「ＮＰＯ法人自殺防止ネットワーク風」に移行）や、袴田俊英氏（曹洞宗月宗寺住職）による「心といのちを考える会」（二〇〇〇年発足）などが指摘できる。

いずれも、単に各寺院による相談活動にとどまらず、自死対策へ関心をもつ超宗派の僧侶への呼びかけや、市民への公開講座を開催するなど、広く社会と接点を結んだ取り組みとなっている点に特徴がある。

一九九八年以降は、民間の自死対策団体や遺族支援団体も活発に活動を開始した時期であり、自死遺族支援において先駆的な活動を行っているグリーフケアサポートプラザ（一九九九年）、自死を社会構造的問題として捉えなおし、総合的な取り組みを目指す「自殺対策支援センター ライフリンク」（二〇〇四年）などの発足もこの時期に相当する。第二期における宗教界の連携的な活動の開始も、「自殺者三万人時代」を迎え、自死問題が社会的な課題として明確に意識化され始めた段階で起こってきた事象といえよう。

第三期――組織的活動期

第三期は、「自殺対策基本法」の制定・施行（二〇〇六年）、および「自殺総合対策大綱」の策定（二〇〇七年）など、国や地方行政においても自死予防・遺族支援の取り組みの重要性が指摘され、対策が開始されてより以降の時期である。この時期の特徴は、「自殺対策に取り組む僧侶の会」（二〇〇七年）など宗派を超えた個人・寺院間の連携が展開すると同時に、教団レベルにおける組織的な取り組みが徐々に開始された点に求めることができよう。

教団による活動としては、すでに二〇〇四年に日蓮宗宗務院・日蓮宗現代宗教研究所が開催した東京教区による「いのち～自殺者三万人の時代を迎えて」と題するシンポジウム開催を嚆矢とする他、筆者（野呂）も所属する浄土真宗本願寺派による研究活動（二〇〇七年／後述）、また仏教系の新宗教教団である孝道教団においても、二〇〇八年に「自殺問題について考えるシンポジウム～日本における Engaged Buddhism（社会に関わる仏教）の可能性を探る」と題するシンポジウムを開催し、これまで対策に携わってきた超宗派の僧侶による討論が行われるなど、関心の高まりを窺うことができる。

仏教教団による取り組みは、これ以降急速に増加し、二〇〇九年以降は、浄土宗や天台宗、曹洞宗などにおける自死者追悼法要の勤修、シンポジウムの開催が行われることになる。

また、教団間の連携も模索されている。宗教教団に付設された国内二七の研究機関が参加する「教団付置研究所懇話会」では、二〇〇九年に「自死問題研究部会」を発足させ、研修会や講演会などを開催することで情報の共有が行われている。なお、この時期からメディアにおいても、「仏教界の新しい動き」（読売新聞／二〇〇七年九月二六日）、「自死に向き合う仏教」（朝日新聞／二〇〇九年一一月一四日）などとして積極的に取り上げられ始め、社会的にも僧侶による活動の認知が広まる契機となっている。「自死・自殺に向き合う僧侶の会」（旧「自殺対策に取り組む僧侶の会」）や、「自死に向き合う関西僧侶の会」など、有志僧侶たちの取り組みも進められている。

そこで以下に、こうした仏教界による近年の取り組みのなかより、念慮者支援、遺族支援の領域に焦点を当て、具体的な取り組みの事例をみていくことにしよう。

3　「死にたい声」に耳を傾けて——仏教教団による電話相談窓口

仏教教団による念慮者支援——本願寺派の事例より

自死対策において、対応の困難な領域の一つが、自死念慮者への支援である。というのも、自死はきわめて複合的な要因が重なりあった結果生じたものであり、単一の要因を取り除いたところで根本的な解決にはつながりにくい。また、念慮者はそうした様々な困難を抱えているため、支援者には幅広い視点からの適切な対応が求められる。自死の危険が迫っている場合には、緊急的な支援も必要である。こうした点に配慮した活動となるためには、やはり個人レベルの取り組みには限界があり、支援者側のバーンアウトを避けるためにも、組織的な整った体制が望ましい。

そこで、組織的な対応こそ仏教教団の得意とするところではないか、との思いから誕生したのが、筆者（野呂）が立ち上げに関わった浄土真宗本願寺派が支援するNPO法人京都自死・自殺相談センター（以下、相談センターと略記）である。

浄土真宗本願寺派は、僧侶数三万二二一一名、寺院数一万二八一ヶ寺を擁する仏教教団であるが、僧侶個人レベルでの自死問題への関わりは古くからあり、「いのちの電話」等の既存の相談機関への参加を通して有志が個人的に自死問題に関与してきた。しかし、教団レベルでの実質的な活動については、付設の研究機関である教学伝道研究センター（現・浄土真宗本願寺派総合研究所）が中心となり始めた活動が嚆矢といえる。

教学伝道研究センターは、二〇〇七年四月より、リーフレット作成や教団の機関誌への投稿、また、「別離の悲しみを考える会」というワークショップ的要素を持つ研修会を開催してきた。二〇一〇年二月には、自死防止の電話相談や遺族ケアに関するロールプレイなど実践的内容を含んだ合宿型研修を開催した。また、実際に研究センターの研究員が、遺族ケア団体の活動や予防団体の研修に継続的に参加している。こうした活動を行うなかで明らかになってきたのは、「現実の苦悩や悲嘆」に向き合うことの重要性であった。情報提供や啓発活動はそれ自体きわめて重要であるが、具体的な苦悩の現場に教団として足場を置き、その声を聴くことからはじめるべきではないかと考えたのである。

京都自死・自殺相談センターの取り組み

現在、相談センターでは、①相談活動、②グリーフサポート、③情報発信の三つの活動を柱とし、約五〇名のボランティアスタッフとともに活動を進めている。このうち宗教者は約半数であり、主婦や学生・会社員・自営業など様々な職種の方によって構成されている。本願寺派は、活動施設を無償貸与しており、運営資金の援助も行っているが、実際の活動内容について関与することは基本的にない。これは、ＮＰＯ法人格を有する一団体としては当然のことではあるが、さらに重要な点がある。そもそも一般に宗教者の自死対策活動というと、僧侶であることや宗教的な救いなどを全面的に押し出した活動になりがちであるが、相談センターではむしろ、ひろく市民と協働することで、必ずしも宗教性を打ち出さない、多様な価値観のもとに相談を受けることを重視する。というのも、相談者の苦悩はきわめて多様であり、一定の宗教的価値観を提示することは、相談者の苦悩を解決することにはつながらない場合が多いからである。したがって相談センターの活動は、教団の有しているネットワークや設備などの資本を有効に活用する点に「教団レベルの自死対策」としての特徴があると結論づけられる。

相談活動の現場から

上記の活動のうち、ここでは相談活動を取り上げ、現状と課題について述べてみたい。

相談活動は、週末（金曜・土曜）の一九時から翌朝五時半までの電話相談が中心である。週末深夜という時間は、日中に仕事を抱えているボランティアスタッフにとっては必ずしも楽な時間帯ではない。しかし、死にたいほどの悩みを抱えるコーラー（電話で相談をされる方）にとって、週末深夜は行政などの相談窓口が休みとなる、最も支援が行き届かない時間帯である。そうしたときにこそ、しっかりと気持ちを受け取る窓口が必要である。

相談センターの電話対応の姿勢は、「ひとりぼっちにしない」「そっとそばにいる」である。電話対応の基本は「傾聴」であるが、それはたんに話をただうなずきながら聴くということではない。相談者の絞り出すような声に耳を傾け、最も辛い人に能動的に寄り添おうとする姿勢が求められる。

二〇一〇年九月から開始された電話相談では、現在までに約三千件の相談が寄せられた。このうち、約九割が「死にたい」という自死念慮を有した方である。筆者（野呂）は、「自殺防止の電話相談活動をしている」というと、「大変ではないですか」とよく心配されることがある。たしかに、ときに二〜三時間にも及ぶことのある「死にたい」という相談者の訴えに耳を傾けることは、決して容易ではない。現在、一日あたり一五件から二〇件がかかってきており、ボランティアスタッフは交代で仮眠をとりながら担当しているが、一件の電話を終えると、緊張の糸が切れるのか、どっと疲れが出てしまう。緊急の対応が必要だと判断した場合には、深夜であっても車を飛ばし、その方のもとに向かうこともある。

しかし、こうした活動が「どうしようもないほど精神的につらいか」といえば、決してそうではない。むしろ、心の底から相談者に向き合え、共感し得たとき、支援者も大きな気づきを得られることがある。先日、ある男性からの相談に以下のような印象的な指摘があった。


東日本大震災以降、新聞やテレビでは、「がんばれ日本」というキャッチフレーズや、「震災からの復興」という言葉ばかりが並び、また「命の大切さ」が語られている。こんなとき、いくら毎日生きるのがつらくて、死んで楽になりたいと思っていても、それを口に出すのは不謹慎で悪いことのように思えて、その気持ちを誰にもいうことができないんです。

こうした点は、二〇一一年三月の震災以降、多くの相談の中で指摘されている。この方は、震災からの復興や命の大切さという価値観を批判的に見ている訳ではない。しかし、多くの人々が「生きることのすばらしさ」を語り、「命の大切さ」を説けば説くほど、「生きづらさ」を抱えて生きている自分の存在が否定されているように感じる、ということである。つまり、宗教者が語りがちである「命の大切さ」という言葉自体が、いま苦しんでいる人にとって、ときに苦悩を生み出す原因になっているということであろう。

ネガティブな言葉は、普段でもしっかりと受け止められることは多くない。ましてや、「死にたい」という気持ちは、周囲の人々には理解されにくい。「せっかくの命を大切にしてほしい」と言いがちであるが、その言葉の前では、自死を訴える声は、簡単にかき消されてしまう。相談センターでは、まさにそうした「誰にもわかってもらえない気持ち」こそ大切にすべきだと考えている。したがって、「死にたい」という気持ちであっても、否定することは決してない。

「命の大切さ」と自死との関係を考える上で、興味深いアンケート結果がある。二〇〇八年、浄土真宗本願寺派では、全寺院一万二八一ヶ寺を対象とする自死に関する認識や活動の実態に関するアンケート調査を実施した。そのなかに「自死は命を粗末にしている行為である」か否かを問う設問を設け、「思う」「どちらともいえない」「思わない」という選択肢を提示したところ、六八・七パーセントの僧侶が「思う（命を粗末にしている）」と回答したのである。[7]

この設問は、きわめて難しい問いであったと思われる。宗教者としての立場からは、一人ひとりの命が取り替えのきかないかけがえのないものであること、尊いものであることは否定しようのないものである。また、この設問は、自死を仏教教義上においてどのように理解するか、という点とも深く関連する。しかし、そもそも「命を粗末にする」とはどういうことであろうか。「命を軽視している」ということであろうか。

先日、相談センターに次のような電話がかかってきた。若い二〇代の男性であったが、第一声が「死ぬ場所を探している」というものであった。電話口からは、雨の中、道路を歩いている足音が聞こえていた。消え入るような声で、ぽつぽつと話される内容に耳を傾ける。その男性は、東北地方のある都市に住んでいたのだが、体調を崩したことがきっかけで仕事を解雇され、家族とも離別してしまった。必死に仕事を探したものの、身体が悪いことを理由に思うように再就職ができない。貯金も底をつき、文字通りどうすることもできずに「死に場所を探して」遠く京都までやって来られたという。

すぐに数名のスタッフとともに車を飛ばし、男性のもとに駆けつけた。すると「何十回となく、ここで死のう、あそこで死のうと思うが、直前になって怖くなりできないんです」と話しはじめた。お話をじっくり聞きながら、二時間ばかりたった頃であろうか、最後に小さな声で「でも…もう一度やりなおせますかね」と漏らされた。

もう生きていくことができないと思い、強く決心していたとしても、その心の奥底には「死にたい」という気持ちと同時に「なんとか生きたい」という思いが隠れていることがある。しかし、まさに一所懸命に生きる道を模索しても、様々な要因が複合すると、生きていくことができない状況に追い込まれてしまっているのではないか。支援にあたったボランティアスタッフは、その男性のお話を聞きながら、自死を考える方は決して命を粗末にしようとはしていない、むしろその逆に、自らの生と死について何度も考えている、という事実に気づかされたのである。

宗教者として向き合う

第一節で指摘したように、宗教者による自死対策には、ときに困難が伴う。それは、自らが所属する教団が掲げる教義や、自らの信仰との見かけ上の矛盾に直面することがあるからである。先述した浄土真宗本願寺派によるアンケート分析では、自死は命を粗末にしている行為であると考えるグループは、そのように考えないグループに対して、念慮者や遺族からの相談件数はきわめて少ないという結果となった。相談の現場においては、自死に対する教義理解と実際の対応との間で深刻なギャップが生じる場合があるという、困難な状況が浮かび上がったのである。

「命の大切さ」という、いわば誰も反論できない価値の前では、一人ひとりに個別の人生があり、個別の苦悩がある、ということが後景化されてしまいがちである。しかし、仏教は、人は多くの原因や条件によって左右され、思うままに生きる事ができず、本質的に苦悩を抱えた存在である、と説いている。「愛別離苦」に代表される「四苦八苦」などの教義は、そうした人間が生きることに伴う逃れることのできない根本的な苦悩について鋭く指摘したものであろう。自死というと特別な人が特別なことをしていると思われがちであるが決してそうではない。自らの力ではどうすることもできないような大きな苦悩に直面したとき、心は大きく揺れ動き、普段考えることのない「死」が心に浮かんでくることがある。相談センターの取り組みを通じて、僧侶として関わっているボランティアの多くが、仏教教義の重要な意義について大きな気づきを得ることができたのである。

自死をめぐる多様な価値観を超えて

多様で深刻な苦悩や悲嘆の前において、「自死とはこうである」といった理念的な定義づけや特定の価値付けは、意味をなさない場合が多い。たとえその定義が正しかったとしても、実際の相談者の感情にそぐわない場合、新たな苦悩を生み出す要因になりえるからである。

実は、このことは近年、自死対策において盛んに用いられている「自殺は追いつめられた末の死である」「自殺は社会的な死である」「自殺は防ぐことのできる死である」といった理解についても同様に指摘できる。二〇〇六年に施行された「自殺総合対策基本法」および「自殺総合対策大綱」は、従来「個人の問題」と考えられがちで、社会的な取り組みが進まなかった日本の自死対策を大きく進展させた画期的な法案であったと考えられる。しかし、たとえば「自殺総合対策大綱」第一章には、「人の『命』は何ものにも代えがたい」「自殺は、本人にとってこの上ない悲劇である」「自殺は追い込まれた末の死」「自殺は防ぐことができる」などの表現が記されている。

こうした理解は、実はそれが科学的に証明されたものであるか、あるいは遺族など当事者の見方が反映されたものであるかといった問題とは別に、自死に対する一つの定義・価値観を示すものである。したがって、そうした価値観を受け入れることの難しい人や違和感のある人、とくに危機的な状況にある当事者にとっては、新たな苦悩を与えられることにつながりかねないと思われる。

仏教者が自死対策、とりわけプリベンションの領域に相当する念慮者支援に取り組むとき、最も重要なことは、「当事者は多様な自死に対する見方・価値観・感情を有している」という、一見当たり前の事実を大切にすることではないかと考える。「自死を防ぎたい」「自死とはこうである」といった支援者側の考えや気持ちは、それ自体非難されるべきものではない。そうした気持ちが死にたいほどの苦悩を抱えた人を支える大きな動機になる場合もあるだろう。しかし、たとえば「自死を防ぎたい」と考えている人のもとに、「死にたい」と悩む相談者がはたして容易に相談に訪れるかというと、そこには難しい問題が生じてしまう。当事者のありのままの気持ちではなく、支援者側の価値観が前面に押し出されてしまうならば、ときに二次被害ともいわれる事態を招きかねない。

自死対策の基本は、すでに政府の自死対策で指摘されるように、「当事者本位」であることがきわめて重要である。そして実は宗教者こそ、「苦悩する方のありのままの苦悩をそのまま支える」という、真の「当事者本位」の取り組みが可能であるのではないかと思われる。

孤立し、行き場を失った当事者に対し、「生きる」方向へと新たな「橋」を架けるには、多様な価値を超えて、苦悩そのものに焦点を当てた支援が必要である。そこに宗教者の重要な役割を指摘することができるであろう。

そこで以下では、自死対策において念慮者支援と並ぶ最も重要な領域である「遺族支援」について、「かかりつけ寺院」をキーワードに「苦悩を支える」活動をはじめた曹洞宗の取り組みを通してみていきたい。

4 自死遺族支援と宗教者の取り組み

遺族支援の重要性

先述のように、自死防止に対する取り組みは一般的にプリベンション（事前予防）、インターベンション（危機介入）、ポストベンション（事後対応）の三段階に分けられる。このうち自死遺族へのサポートは、一義的にはポストベンションと位置づけられることになるが、同時にこれはプリベンションの側面を強く持つものでもある。

なぜなら、自死遺族の自死リスクは他と比べてとくに高く、ライフリンクが行った「自殺実態一〇〇〇人調査」（以下、「実態調査」と記する）によれば、実に自死遺族の四人に一人が「自分も死にたいと考えることがある」と回答しているように[8]、自死の連鎖を食い止めるためには、遺族への適切なサポートが非常に重要であるといえるからである。

それでは、自死遺族の自死リスクが高い背景には、なにがあるのか。言い換えれば自死遺族が「生きにくい」と感じる原因は、どこにあるのだろうか。この原因と考えられる、具体的事例として以下の項目が挙げられる。

(a) 経済的問題に由来する「生きにくさ」

自死した家族が、一家の家計を支える立場であった場合、その死は家庭の貧困に直結することとなる。また、リストラや借金を苦にしての自死であった場合には、そもそもが経済難を抱えた状態であるため、その状況にさらに拍車がかかるというケースも少なくない。また、子供の進学費用など、経済的問題は長期にわたって遺族の負担となる場合が多い。「実態調査」では、家計の問題は短期よりもむしろ死後一〇年以上の長期でより深刻となることがわかっている[9]。

(b) 精神的問題に由来する「生きにくさ」

自死遺族の中には「自分が気づいてやれなかった」あるいは「気づいていたのに止められなかった」など、強い自責の念を感じる方が少なくない。それはある子供を喪った自死遺族の「私が息子を殺したも同然です。私は殺人者なんです。そして妻は共犯者なんです」という、非常に強い告白の言葉にも象徴される。また、逆に「あの人は私たちを捨てて行ってしまったんです」というような、愛する人に置いてゆかれたと感じるが故の絶望感、孤独感、そして逆説的な故人への憎悪、大切な人を突然に失ってしまったことによる喪失感など、遺族が精神的苦痛、感情のジレンマを抱える事につながる。

(c)社会的問題に由来する「生きにくさ」

自死に関する社会的偏見は、いまだ根強いものがある。自死が「普通の死」として受け入れられない社会の現状のなかで、遺族はさらに傷つくこととなる。また遺族が自死の兆候に気づかなかった事、また自死を止められなかったことを、たとえば自死者の妻が自死者の両親から強く責められるといったケースもある。社会が持つ「自殺は悪いこと」という「価値観」や「正義観」との軋轢、そして大切な人を亡くしてしまったが故の親族同士の責め合い、軋轢などに苦しむことになるのである（「実態調査」では、自殺と偏見について「個人の死に関して何か気になる周りからの言動があったか」との問いに対し、五六・四％の遺族が「あった」と答えている）[10]。

(d)社会との交渉を絶ってしまうことに由来する「生きにくさ」

これは前項と関連することであるが、自死に由来する偏見や差別にさらされる事、また非難される事を恐れて、自死遺族が周囲との関係を絶ってしまうことがある。また、周囲の人々も、どう接してよいかがわからず、（それはいわば腫れ物に触れるような感覚で）双方が次第に疎遠になってしまうケースにつながる場合も多い。結果的に、孤立したいわけでも孤立させたいわけでもないのに、遺族が孤立してしまう状況に陥ってしまうこととなる。

(e) 宗教的な偏見や差別に由来する「生きにくさ」

前節でも指摘したように、「自殺した人は成仏しない」という無遠慮な言葉に代表される、自死者や遺族をさらに追い込む宗教的な決めつけをいまだ耳にする事がある。各教団、各宗派とも、このような姿勢をなくすべく活動を進めてはいるが、[11] いまだ一部の宗教者からこうした発言がなされ、遺族が傷つけられるケースはある。また同様の発言は、時として宗教者以外の口から発せられることもある。

以上、自死遺族を取り巻く問題の現状を挙げたが、こうした状況のなかで「誰とも話せない」「誰も味方になってくれない」「自分自身ですら、自分の存在を肯定できない」という感覚が連鎖的に「生きにくさ」を増大させ、結果的に自死遺族が自死を選択してしまうことにつながるといえよう。したがって自死遺族の自死リスクを軽減させるためには、自死遺族が「安心して関われる社会との窓口」をいかにして確保するかが大きな課題となるはずである。

「社会苦」の現状

いうまでもないことだが、自死のリスクを抱えるのは自死遺族だけではない。そして現代社会における苦の現状はきわめて多種・多様な要素が絡み合っていると言える。現在、自死の十大危険要因として挙げられるのは①うつ病、②家庭内の不和、③負債、④身体疾患、⑤生活苦、⑥職場の人間関係、⑦職場環境の変化、⑧失業、⑨事業不振、⑩過労であるが[12]、これにとどまらず死別の悲しみ、介護の問題、心身の障害の問題、家庭の問題、学校の問題、犯罪被害の問題など、複合的かつ複雑な現状を理解し、対応しなければ、本質的な解決には至らないと考えるべきである。「実態調査」では、自殺時に抱えていた「危険要因」数は一人あたりの平均が四つであることがわかっている[13]。

宗教者による頼れる窓口作りを目指して――「ゲートキーパー制度」と「かかりつけ寺院」

「自殺対策基本法」制定を受け、行政を中心として自死問題への取り組みが活発になされるようになった。しかし、これらの取り組みにはいくつかの問題点を指摘する声もある。その代表的なものが「相談の窓口が専門化しすぎている」との指摘である。先述の通り、「死にたいほど苦しんでいる、生きているのがつらいほど悩んでいる」という感情の原因は複合的であることが多い。にもかかわらず、個別の原因そのものの解消を目指した窓口では、守備範囲に入りきらない場合が多く、結果、「たらい回しにされた」相談者が、行くあてを失ってしまうのである。

そこで、この問題を解消すべく内閣府が推進しているのが「ゲートキーパー」制度である。[14] ゲートキーパーとはその名の通り「門番」を意味し、苦しみ、悩みを持つ方の支援の入り口となり、同時に適切な関係機関へと橋渡しをすることで、悩みの原因を総合的に解決していくための道案内役となる支援者を示す。言い換えれば、地域社会に密接に関わり、共に生活する中で、様々に生じる「隠れた悩み」に気づき、手を差し伸べてくれる存在である。

これにより「支援を受けたくとも、その入り口がわかりにくい」という相談者の、支援ネットワークの受け入れ口ができることとなる。そして、この「ゲートキーパー」の役割を宗教者や寺院が果たすことはできないか、寺院の支援機能を、医療現場で言う「かかりつけ医院」になぞらえ、身近な宗教者の役割として提案するのが、筆者（以降、宇野）の示す「かかりつけ寺院」構想である。

自死問題への取り組みと「かかりつけ寺院」構想

自死問題に代表される社会苦への取り組みに筆者が関心を持つきっかけとなったのは、自身が副住職を務める山形の寺院における、不登校・引きこもりの児童・生徒に対する立ち直り支援、また同様に行われている精神疾患に代表される「こころの病」を抱える人などへの立ち直り支援からである。

この寺院では以前から様々な事情を抱える人々を受け入れ、住職夫妻が彼らと寺院内で共同生活を送ることによって立ち直りを支援してきた経緯がある。具体的には、いじめや学業不振、学業に対するモチベーションの低下など学校に通うことができなくなった少年や、社会生活の適応が困難で引きこもりになってしまった青年、また精神疾患で入退院を繰り返す過程で、行き場のなくなってしまった青年、非行行為によって学校の停学処分を繰り返し受ける少年、薬物乱用によって刑務所への入所、刑期を終え出所後も再び薬物使用を繰り返す生活から家族にも見放され、行き場のなくなってしまった中年男性などである[15]。

この事例からこれまで筆者が述べてきたのは、寺院が悩める人々の駆け込み寺として機能し、また寺院空間の持つ宗教性や、仏教をともに信仰する仲間が集うサンガとしての特性が、彼らが立ち直る上で大きな影響を与えたという事実に基づく可能性であった[16]。

しかし、当初から彼ら、もしくはその家族が、寺院という場の特性を信じて、またサンガの中で共同生活を行うことが解決につながることを信じて寺院の門を叩いているのかといえば、実はそうではない。彼らは学校、行政、地域社会等の様々な「寄る辺」に見放されて、あるいは見放されたと感じて、しかし家庭の中には解決の糸口が見いだせないまま、さまよい歩いた末に、ようやく見つけた入り口として相談に訪れているのである[17]。たとえばうつ病の青年の例でいえば、病院からは退院したものの他に適当な行き場がなく、家にいても何ら将来を期待できる状況にはなく、かといって相談する場もなく、ある意味たまたまそこしか行き場がないから寺院を訪れるのであって、そこに実は何の必然性もない。ただ、「受け皿」があっただけである。

だが、今現実に社会が求めているのは、どんな悩みでも断らず聞いてくれ、相談に乗ったり一緒に解決を探したりしてくれる「受け皿そのもの」なのだということも強く感じるのである。

筆者の寺院、また筆者が共に活動に取り組む僧侶の寺院には様々な問題を抱える人が訪れているが、これらの相談の内容は、たいがい僧侶や寺院が専門として扱う宗教的な分野の相談ではないことのほうが多い。しかし、たとえば夫婦間の離婚の問題でいえば、話を聞いた後で専門の弁護士を紹介したり、病気の悩み相談であれば医療機関を紹介したり、進学や学業の問題であれば学校を紹介したりと、まず相談の受け皿となって話を聞き、悩みを受け止め、できる範囲のことは親身に協力し、またできる範囲を超えた領域については、必要に応じて自身の持つネットワークを利用して専門家を紹介する。これは、理想的な「ゲートキーパー」像であるといえるし、また医療現場における「かかりつけ病院」の役割と似ている。

筆者のイメージするかかりつけ医院。それは近所にあって、自分のことを昔からよく知っていて、どんな病気でも、ケガでも診てくれる「とりあえず具合が悪くなったらそこに行く」という場所。待合室に入れば、そこでは近所のお年寄りが集まって談笑していて、時には看護師さんも一緒になって話をしている。その内容は孫の自慢話であったり、旦那の愚痴であったり、旅行の報告であったり。そこは病気で来た事を忘れさせるような温かで居心地の良い空間である。診察室に呼ばれ、前に座ると先生は診察をしながら病気以外のこともいろいろと話しながら心配してくれる。子供の○○ちゃんは元気か、最近ちゃんとかまってやっているか、仕事は忙しくないか、良く寝られているか、お酒を飲みすぎていないか、少々おせっかいとも思えるその話し口調は、いつもと同じで親しみやすく、親身になってくれていることを感じる。

診察後、軽い風邪やケガならそれなりの手当てをし「まあ、安心しなさい」と帰してくれる。しかし何か異変を見つけたなら、知り合いの専門医に紹介しつないでくれる。そんな、親しみやすく、親切で、頼りになる存在である。

そんな「かかりつけ医院」の機能を、「心の悩み、苦しみ」の分野で果たしていくことを宗教者の役割としたい。それが「かかりつけ寺院」を提案する理由である。

こころの問題を抱える人のその原因は複合し、多岐にわたる事は先に述べた。それゆえ、実際には本人ですら「苦しい感情の原因」を認識できず、解決の方途を見いだせていない場合も多い。これは医療に例えるならば、「とにかく苦しい、我慢できないほど体調が悪いということはわかっていても、具体的に総合病院の診療科を選択できる状況にはない」ことと似ている。また、総合病院の専門診療科が混んでいて、機械的な診療しか受けられないという現実と同様、行政等の相談窓口も事務的にならざるを得ない現状がある。そこに、かかりつけ寺院の役割と価値が見いだせるのである。

では、具体的に「かかりつけ寺院」を実現し、機能させるためにはどうすればいいのだろうか。

「かかりつけ寺院」を実現するために

「かかりつけ寺院」を提案するとき、こんな質問を受ける事がある。それは、「活動や趣旨には賛同するが、現実問題として僧侶や寺院は、相談相手として頼られるという現状にはない。私自身、関わりたいと思っても相手がその認識がない以上どうしようもない。どうすれば〝困ったときにはお寺に相談できる〟ということを認識してもらうことができるのだろうか」というものである。

筆者は全国各地で開催される曹洞宗僧侶を対象とした研修会・講習会等で、現場の第一線に立つ僧侶と直接接する機会が比較的多くある。そうしたときに強く感じるのが、「葬式仏教・儀礼仏教」といわれるなかにおいても、実は「何らかの形で人々の苦しみに寄り添いたい。できれば解決をサポートしたい」と考える熱意ある僧侶の割合は意外に多いということである。しかし同時に、「やる気はあるのだけれど、どうすれば関わることができるのかがわからない。また実際に関わったときに、どうすればよいのかがわからない」という声もまた、よく耳にするところである。一見遠そうに思える相談者のニーズとそれに応えたいと思う宗教者との距離。

しかしこのような事例がある。これはある東京都内の寺院の例であるが、着任間もない住職が山門横の掲示板に「あなたのお話、伺います。どんなことでも相談をお聞きします」という趣旨の短い文章の貼り紙をしたところ、ひっきりなしに相談者が訪れるようになり、それが現在も続いているという事例である。これは非常に象徴的であって、一つには「悩みがあるのだけれども、どこに行っていいかがわからない」という人が多いということ。二つ目には「もし、寺院がその受け皿になってくれるのであれば、相談してみよう」と考える人が少なからずいるという事を示している。宗教離れが進んでいるといわれる現代においても、宗教者が相談相手として足るという信頼をいまでも維持できていることを示すものだろう。

実は、筆者の寺院に訪ねてくる不登校生徒の保護者も同様で、彼らの多くが口にするのは「悩み、苦しんだ時期は長かったのだけれど、正直、どこに相談してよいのか、誰が助けてくれるのかがわからなかったし、まさかお寺がこんなことをしてくれるとは思わなかった。でも、このお寺のことを知ったとき、お寺なら自分の子供を安心して預けられるとも思った」ということなのである。

接点ときっかけさえあれば、宗教者はまだまだ頼られ、信頼される存在であるのだということに、私たちはもっと自信を持つべきだと感じる。ちなみに筆者は、実際に活動を志す僧侶には「とにかく、山門でも本堂内でも、どこでもいいから〈私はあなたの悩みを聞く意思があります。何でも相談してください〉という趣旨の貼り紙をしてみてください。すると必ずこんな切り出し方で相談してくる人が現れます。〈仏事や先祖供養のことでなくても相談していいんでしょうか？　実は子供が……。実は妻が……。実は仕事が……。〉私の経験上、貼り紙を張ってから一年たっても誰も相談に来ないということはないと思いますよ」と話すことにしている。それは社会の苦悩と、宗教者の提示できる救いが、たった一枚の小さな貼り紙でもつながり得るものだと確信するからである。

「かかりつけ寺院」を機能させるために――曹洞宗での取り組みをモデルとして

相談者と宗教者がつながったとき、その接点に対してどのように対応するのかが次の課題となる。この課題に対応すべく、曹洞宗総合研究センターでは、『宗侶養成テキスト　人びとのこころに向き合うために』を編集・刊行した。

刊行後、本テキストを用いた研修会が、全国の支部で開催される曹洞宗の住職・副住職等を対象とした平成二三年度現職研修会の全国統一テーマとして採用されたことを受け、作成にかかわったメンバーが講義を担当する形で研修会を開催。五二九二人の僧侶が受講している。

この講習会は宗務所（全国の曹洞宗の支部単位）の主催で行われるため、統一テーマの講習を開講するか、もしくは他の独自のテーマにて講習会を運営するかは各支部の判断によるが、本テーマを採用したのは開催総数六二ヶ所中四六ヶ所、これは前年度開催の「回向文講義」（曹洞宗の儀礼・法要の意義・意味内容に関する講習会）と比較しても遜色ない割合である。取り組みへの関心の高さが、ここからも読み取ることができる。

講習会の規模は、宗務所所属の僧侶数にかなりのばらつきがあるため、少ないところでは十数名、多いところで二〇〇名を超える事となったが、どの会場も基本的に約二時間の講義時間中、テキストを用いた座学、手紙相談の形式を用いた模擬体験、質疑応答などが行われた。

参加僧侶のほとんどが体験型研修会への参加が初めてということもあり、とくに模擬体験では戸惑う様子が見られたが、とくに以下の点に注意して講習を進めた。

・とにかく寄り添い、話を聞くこと。

・無責任に励ましたり慰めるのではなく、ねぎらうこと。

・何か力になれないかを尋ね、一人ぼっちではないと伝えること。

・僧侶が一人で抱え込むのではなく、必要に応じて必要な窓口に取りつなぐこと。

・支援のためのネットワーク作りを日常的に心がけること。

これらの講習会を通じて筆者が強く感じたことは、参加する僧侶の意識が「何かを教える事、また自分が正しいと思う方向に導こうとすること」に向かう傾向が強いということであった。これは比較的年配の僧侶、また熱意ある僧侶に多く見られがちなことであって、宗教者としての特性なのかもしれない。しかし研修を進めるなかで「たとえば〈世の中は無常なのだから〉〈人は誰でも死ぬのだから〉というような手紙をもらうのと、〈私は何もできない

『宗侶養成テキスト　人びとのこころに向き合うために』表紙

けど、とにかく、あなたの苦しみが和らぐまで、私は側にいますよ〉という手紙をもらうのとでは、あなたはどちらが嬉しいですか？」と問いかけることで、寄り添うことの大切さを理解してくださった方も多い。「無批判に受け入れ、とにかく寄り添うということ」「教えるより聞くこと」「導くより、寄り添うこと」というきわめて基本的な姿勢のことであっても一度は聞いて、考えてみなければわからない。相談活動に関わる上では学びの場が必ず必要なのだということと、同時に限られたわずかな時間での学びであっても、意識の転換と基本的な視座は提供することが可能なのだということも感じている。

「かかりつけ寺院」活動の意味と意義——「僧侶が僧侶になる」ための活動として

本テキストを先述の「教団付置研究所懇話会」で紹介した際、このような質問を受けた。それは、「相談活動を行うということは、僧侶がカウンセリングを行うということなのか」「僧侶がするカウンセリングとカウンセラーがするカウンセリングの違いは」というものである。また先述の講習会でも同様に「どうして僧侶がカウンセラーの真似ごとをする必要があるのか」といった批判や疑問、また「カウンセリングは専門家に任せるべき」といった意見が少なからずあった。

これは、宗教者がこの活動に関わることに対する、きわめて本質的な問いといえるが、この活動の本質を筆者は「僧侶がカウンセラーになる活動」ではなく「僧侶が真の僧侶になるための活動」であると認識している。

「駆け込み寺」の言葉が示すように、寺院は古くから、社会の中で救済の窓口として機能してきた歴史がある。貧困や差別、暴力といった時代時代の人びとの苦しみを寺院が受け止め、癒し、救いを与えてきたことは紛れもない事実である。そして今、物質的にも環境的にも世界に類を見ないほど豊かになったといわれる日本社会の中で、多くの人びとがこころの悩みを持ち、救いの手を求めている。仏教が大切にしてきた「目の前の苦しみを持つ人に向き合い、救いの手を差し伸べるという救済の歴史、また、苦悩する人びとと真剣に向き合い、寄り添うなかから、深い宗教性に基づく救いを与えつつ、僧侶の側自身もその宗教性を救済の行為のなかで高めてきたという菩薩思想の実現こそが、この活動を僧侶が行う意味であろう。

これが僧侶の宗教的な活動であるという認識は、曹洞宗宗議会（第一一三回、二〇一一年六月二二日）において教学部長が公式に述べているところである。

> 僧侶がこの活動に取り組む意義は、相談者の立ち直りを支援するといった一方方向の関係ではなく、むしろ相談活動を通じて同悲・同苦の立場に立ち、同事・同行の極めて宗教的な立場で受け止め、僧侶自身が宗教者として成長させていただく双方向の関係を目指すものであり、（中略）僧侶が宗教者としてこの問題に取り組み、自らの宗教性に照らして寄り添う姿勢にこそ大きな価値があると捉えるべきなのだと考えます。

これが端的に示す通り、宗教のケアが相談者にとって救済への架け橋となると同時に、宗教者にとって真の宗教者になるための架け橋として機能するものであると捉えたい。

おわりに——架け橋になるということ

自死問題を考えるとき、いま、社会が必要としているのは、すべてを抱え込み、解決してくれる個人ではなく、自死念慮者もしくはその予備層の方々と定期的、日常的に親身に接し、問題を把握したならばしかるべき支援窓口につないでくれるネットワークであると考えられる。本稿ではそうした観点から、念慮者支援に教団レベルで取り組む浄土真宗本願寺派、そして、寺院ネットワークを利用した遺族支援に取り組みはじめた曹洞宗の活動について述べてきた。両者の活動に共通するのは、「苦悩」をありのままに支える仕組みづくりを模索していることである。

そうした仕組みづくりにおいて、宗教者・宗教教団は広いネットワークを有しており、充実した支援を行うことができる大きな可能性がある。檀家や信者、またその関係者の中に行政職員や医療関係者、法律家などがいる場合が多く、またそうした方との（住職と信者という）基本的な信頼関係が成り立っているという環境は、他の立場と比較して有利である。その利点を最大限に生かす形で、いわば「連携の橋渡し」となる宗教者の活動は、社会の中で大きく意味のあるものとして受け止められるはずである。

また、「橋渡し」が適切に行われるためには、念慮者や遺族といった当事者と支援者との間に、深い「つながり」が構築されていることが前提である。そのためには、「ありのままの苦悩」を認め、しっかりと受け止める姿勢が求められる。宗教者にとって、こうしたネットワークという「架け橋」と、当事者との「架け橋」という二つの重要な役割が期待される。

その取り組みは、今まさに始まったばかりである。

［注］

1 ライフリンク『自殺実態白書2008』第四章「自死遺族の実状」二〇〇八年、四五三頁。

2 本節は、拙稿（野呂）「自死問題と宗教者」（藤丸智雄と共著、東アジア宗教文化学会『第二回国際学術大会プロシーディングス』）現代宗教課題研究部会「自死問題と宗教者」（『浄土真宗総合研究』四、二〇一一年）に基づき加筆・修正を行ったものである。

3 自殺対策の三段階については、高橋祥友『自殺の心理学』講談社現代新書、一九九七年、同『新訂増補版・自殺の危険　臨床的評価と危機介入』金剛出版、二〇〇六年等に詳しい。

4 「リメンバー名古屋自死遺族の会」代表幹事の鷹見有紀子氏は、葬儀や法事の現場における遺族を苦しめる法話や言葉などについて紹介し、僧侶による遺族支援の課題を具体的に指摘している（「自死の遺族のサポート方法」『自死、遺された人たち（二）』所収、本願寺出版社、二〇一〇年）。

5 教義理解の再検討については、近年、関西学院大学編『自死と教会、いのちの危機にどう応えるのか』（キリスト新聞社、二〇一二年）等が注目される。

6 日本における自殺者数の変化と現状については、本橋豊『自殺対策ハンドブックQ&A』ぎょうせい、二〇〇七年参照。

7 浄土真宗本願寺派『宗報』二〇〇九年四月号に、アンケートの詳細な結果と分析を掲載している。
8 ライフリンク、前掲書、第四章「自死遺族の実状」四六四頁。
9 同、四六九頁。
10 同、四六二頁。
11 こうした取り組みは現在、教団の枠を超えて活発に行われている。その一例として曹洞宗においては『自死に向き合う～いま、私にできること～』を作成（これは浄土真宗本願寺派東京教区基幹運動推進委員会から発行された同名のパンフレットをもとにしたものである）全国の曹洞宗寺院に配布した。本書の配布は終了しているが、インターネットサイト上で閲覧することができる。曹洞宗総合研究センター公式サイト http://www.sotozen-net.or.jp/soken
12 ライフリンク、前掲書、第一章「自殺の危機経路」一七頁参照。
13 ライフリンク、前掲書、第一章「自殺の危機経路」一六頁参照。
14 ゲートキーパー制度については内閣府共生社会政策の自殺対策「あなたも〝ゲートキーパー〟になりませんか」http://www8.cao.go.jp/jisatsutaisaku/kyoukagekkan/gatekeeper 参照。
15 詳しくは拙稿（宇野）「寺院を中心とした新しいサンガ形成の可能性から（Ⅰ～Ⅶ）」『教化研修』第四七号～五三号 曹洞宗総合研究センター、二〇〇三～二〇〇九年を参照。
16 拙稿（宇野）「寺院を中心とした新しいサンガ形成の可能性から（Ⅰ）」『教化研修』第四七号 曹洞宗総合研究センター、二〇〇三年参照。
17 「寺院を中心とした新しいサンガ形成の可能性から（Ⅶ）」『教化研修』第五三号、曹洞宗総合研究センター、二〇〇九年参照。

［書籍紹介］
・西原由記子『自殺する私をどうか止めて』角川書店、二〇〇三年
大阪自殺防止センター・東京自殺防止センターの創設者として、一九七八年以来、常に「死にたい」と訴える

相談者の声と向き合ってきた著者による活動の記録。相談者に寄り添い、その苦悩をともに共有する著者の姿勢と活動は深い感動を与える。自死の苦悩を抱える方を支える活動を志す者にはぜひ手にとってもらいたい良書である。

・若林一美『死別の悲しみを超えて』岩波現代文庫、二〇〇〇年

配偶者や子供を亡くした者は、どのようにその死と向き合い、生きていくのか。長年、子供を亡くした親の会の世話人をしてきた著者は、多くの遺族の証言をもとに、悲しみを背負ったままで「生きる力」を回復させていく遺族の心の過程を深く考察する。自死遺族支援を行うにあたっても重要な示唆に富む書である。

・曹洞宗総合研究センター刊『宗侶養成テキスト　人びとのこころに向き合うために』二〇一〇年

人びとの「こころの問題」に向き合い、寄り添う僧侶の養成を目的とした研修会用テキスト。作成・編集にあたっては実際に現場で相談活動に関わる若手の僧侶を中心とし、臨床心理学の専門家をメンバーに加え、相談活動の経験やカウンセリング等の知識が全くない方でも理解できるものを目指した。

［キーワード］

・自死と自殺

近年、自殺対策の分野では、「自殺」という用語にかわって、「自死」という語が用いられ始めている。そもそも熟語としての「自死」は、日本では中世の文献にもみられるなど、「自殺」と並んで、自ら命を絶つ行為を指しており、近年になって初めて用いられた用語ではない。その後、明治期に行政用語のなかで「自殺」が統一的に用いられることにより一般化したと考えられる。したがって、「自殺」と「自死」は同義であるが、とくに二〇〇〇年代以降、遺族支援の領域では、「殺」という言葉に込められた社会的非難のニュアンスを回避する目的から、「自死」があらためて注目されている。

・ゲートキーパー

悩んでいる人に気づいて声をかけ、必要な支援につなげる人を指す。従来、ゲートキーパーは、医師や相談員

など専門的な援助職の方を意味していたが、近年では、地域における自殺対策の文字通り「門番」として、国民一人ひとりがその役割を担うことが、政府の自殺対策でも重点項目として取り上げられている。実際の支援にあたっては、地方自治体や民間団体が主催する養成講座を受講し、正確な知識を身につけるなど、当事者本位の取り組みとなるよう注意する必要がある。

interview ——「暗闇に下りていく道しるべ」がケアには必要だ　岡部 健

岡部《おかべ》 健《たけし》氏（二〇一二年秋、逝去）
一九七八年、東北大学医学部卒業。総合病院にて呼吸器外科をとりまとめる経験を経た後、在宅緩和ケアを行う拠点として、医療法人社団爽秋会・岡部医院を開業。緩和医療に関わる要職を歴任。現在、東北大学医学部臨床教授、また、東日本大震災後に仙台に設立された超宗派の宗教者による支援拠点、心の相談室室長も兼ねる。

お迎えは、自然にある

往診先の俺の前で、患者が、「ここに兄貴がいるんだ」などと言い出す。「ちょっと俺には見えないんだけど」「先生には見えないのか。何にもしゃべってくれないんだよな」、たとえばそんなふうに、「お迎え」は来る。

自宅で死ぬのはいやだなどと本人が言っているときには「あんたお迎えが来たの？」「まだ来ていないんだったら、あっちに行けないよ」と、軽く言う。お迎えの意味を知っていることで、「だれそれが来た」「お迎えに来てくれたんだったら安心だよね」と、楽に本人も往くことができるから。

病棟というのは、医者や看護師を守る空間。在宅に取り組むというのは、砦から出て、何の武器もない場所に置かれること。そのときに、どう考えていいかわかんないようなことがいっぱい起きてくる。

一番びっくりしたのはお迎えなんだ。

当初は、どう扱ったらよいかわからなかった。ほんらい、科学は色眼鏡を外してありのままに事実を見るもののはずだけれど、お迎えのような現象を幻覚や譫妄《せんもう》という分類に入れて片付けるような、「科学的思考」の砦にこもる医師もいる。人を看取っていくことに感性を総動員して、そこで出会う現象を観察し、検証するのが科学的な姿勢のはず。ここはひとつ、近代人としての自分を捨てて、縄文人のような気持ちで事態に向かおうとした。

焚き火をまえに掘っ立て小屋のなかでこの死を見つめる縄文人の気持ち。星空が広がっているなかで、看取る縄文人は何を思うんだろうと思いを馳せた。山登りして、暗闇に包まれていく恐ろしさと孤独を肌身で感じるように。「お迎え」を目の前にある通りに受け止める、っていう当たり前の結論に到達したんです。

「お迎えがあるという前提で患者さんやご家族とお付き合いしなさいよ」と指導をしただけで、ほぼ全員が体験共有できるくらい、お迎えの頻度は高い。看護記録や医者の記録のなかに、「お迎えがあって、こんなこと言っていた」という記録が当たり前に載りますから。現実に調査してみると四五%は、遺族もお迎えを体験している。[1]

ある病院の院長が「当院では『お迎え』なんぞ出ない」と言い張るので「お前本当に看取ったことあんのか」と、病院の前の飲み屋で大激論になったことがあった。飲み会が終わってから、そこの看護師さんが「実はうちでもお迎えがあります」ってこっそり言いにきて、やっぱり、と納得した。

医学的にエビデンスを集める研究とともに、日本における死の看取りの歴史について押さえていく必要も感じたので、竹之内裕文氏と勉強会をやりはじめたんです。また、諸岡了介氏や相澤出氏など、社会学者によるお迎えの調査も進めていった。

スウェーデンで、死の直前に人間がする体験について講演した竹之内氏によると、「スウェーデンだって来ますよ」と言われたらしい。キリスト教であれ、他宗教であれ、実はスウェーデンでもお迎えがきちゃうし、お迎えについての研究所もあるということです。

「死は苦しい」という先入観

死を迎える過程は苦しいと思われがちなのだけれど、自然に亡くなっていく過程を見たら、その先入観から解放されると思います。たとえば痰が絡んでゼーゼーいっている。息が止まったら、窒息したら苦しいはずだ、痰が絡んでいるから苦しいはずだ、だって病院で吸引しているし、などと考えてしまう。実際は神経反射が低下して、痰が絡んでも咳もしない状態。だから緩和ケアの世界では吸引する必要がないよ、って言われているんだ。そこを強い刺激与えることのほうが、はるかに苦痛でしょう、というのが緩和ケアの考え方。苦しそうとか家族が動揺するのは、ほとんど近代的な知識による先入観ですよ。

死の前の呼吸不全には、炭酸ガス中毒の状態になる。炭酸ガスには麻酔作用があるから、苦痛もなくなる。βエンドルフィン活性が上がって、夢の中漂っているなかに、三途の川が見えたりするという状況であると、合理的に理解できる。肝不全で亡くなる前には、高アンモニア血症になるが、これ自体に鎮静作用がある。現在は、高アンモニア血症や高カルシウム血症も治療する薬があるので、患者がどのような体験をしているのか聞いてみると、生還してからの方が苦痛が多い。高カルシウム血症自体に意識を低下させる作用があり、その結果、痛みを感じにくくするんだね。

そして、自然死のプロセスは、生理学的には、絶食や脱水などが進んでいる状態だから、お迎えみたいな現象を生み出す要素はあるんです。がんの患者さんの終末期ケアにおいて、八割以上が幻覚譫妄をみるし、自然死に先行する幻覚譫妄だったら治療すべきじゃないと、アメリカ臨床腫瘍学会（American Society of Clinical Oncology, http://www.asco.org/）などが出しているガイドラインや、緩和ケアの教科書に明記されています。お迎えが出てくるような状態は、患者さんには苦痛がなく、自然に枯れるように亡くなることができるからです。

私自身が、RCU（呼吸器集中治療室）を担当していたとき、たとえば炭酸ガス中毒で死に瀕して入ってくる患者に人工呼吸器をつけて救命し、観察したり、回復後に話を聞いたりする機会がたくさんあったので、このことは自分でも確認してきました。

「お迎え」は特定の宗教ではなく、さらに深層の宗教性に根ざすもの

在宅緩和ケアの利用者を調査して驚くのは、「お迎えがきた」という人が、ほとんどみな「特定の信仰は持っていない」と答えること。他の病院にも確認してもらったが同傾向だった。

つらつら考えて、こんな考えに至った。日本の宗教は三層構造にわけて考えてはどうかと。表層は合理主義の科学信仰型。在宅ケアに戻ってくると、中層の日本人的な常識的価値観の中に落ち込む。亡くなる前にやっと深層構造の日本人古来の宗教観が出てくる、という三層。仏教学者の末木文美士《ふみひこ》さんにこう言ったら、いたく共感されて。中層は、無宗教っていう枠組みの中に自分を入れておかないと社会的に落ち着かない、いい大人が宗教っていうと仲間はずれになるとか、そういう感覚がある。でも死ぬ直前になったら、コロンと価値観が深層に切り変わって、お迎え出て来て、すやすやとあの世に往くという展開がある。これはもはや価値観でさえなくて、生命体としての終末期の感覚なのかもしれない。日本人は、これら深層構造と中層構造と表層構造を使い分けしているっていうことに気づくようになったんですね。

合理主義という妄信は宗教界も蝕んでいないか

日本における死の看取りの歴史について勉強会をしているといいましたね。そこで、この表層の合理主義が大きすぎる役割を担うようになったことを見なければいけません。

もともと西欧型の近代合理主義には、宗教性と合理主義とを、矛盾をはらんだまま併せ扱うという習慣があります。それは、この世界の非合理で不条理なところまで含めてずっと見続けて残されてきた宗教の知恵にも、一定の存在意義を認める態度です。矛盾をはらんだまま併せ扱う態度は、否定側に向かうと、全身全霊かけた無神論になっていく。世界の

どこにも神が存在しない証明としての無神論という立場は、とんでもなく勉強しないととれないですよ。

これに対して日本では、「宗教性と合理性とを矛盾を承知で併せ扱う」という前提なしにかたちだけまねをした「無神論」「合理主義の妄信」をつくってしまった。これでは、在宅緩和ケアのよりどころにはならない。喪失の悲しみとか死への不安と向かい合うということは、本人にとってもケアする側にとっても、暗闇に下りていくこと。かたちだけの無神論や、合理主義の妄信では、暗闇に下りていくための道しるべにはなり得ない。

グリーフというのは、患者さんご本人も、ご家族や周囲の方も、徐々に体の機能や地位やその他大切なものを失っていく悲しみと嘆き。その「暗闇」と向かい合うためには、いまスピリチュアルケアに取り組む人々も、大学人も、そして、宗教者も、自分の考え方が合理主義の妄信に侵されていないか、振り返ってみる必要があるでしょう。

俺は、医者としては合理的に考えますよ。専門職としてこれで飯を食わせてもらっているのだから、そこで非合理で不条理なことをやっちゃいかんわけで、薬物の処方や治療方針の決定などに関しては、科学的推論の中できわめて合理的に考え実行します。

ただ、科学的推論の中でやってく世界を持っているからこそ、一方で、科学的推論が不能な世界をよく知っている。本来科学的推論が不能で、合理主義的な思考では想定できない領域のことをやっているはずの、文科系の人々や宗教者が、合理主義の妄信に巻き込まれてしまうのはどうかと思う。考えることは必要だけれど、自分の中で、合理主義っていうのは表層的な思考形態の一部だ、っていう認識をよっぽどきちんと持ってないと、合理主義というのは、使いこなせないんだよね。

死を合理的に扱いやすく切り落とす

近代都市は、自然という圧倒的な存在の恐ろしさを忘れられるようにかぶせられるもの。近代国家のルール作りの中で、死についても合理的に扱うようになってしまった例として、死亡の時刻を確認するという医師の仕事があります。何時何分死亡確認というのは、明治以降のルールです。もともと、死は特定の瞬間ではなく、プロセス、経過だった。「この人死にそうだ」「どうも息が止まったみたいだ」「もう動かねえかもしれねえぞ」「でもまだ見ててやんなきゃいかん」というのが、「もがり」じゃないですか。「どうやったってこれ動かねえ」「しゃあねえな、死んだんべ」というのが死で、瞬間でなく過程だから、何時何分と決められるものじゃなかった。肉体も精神も社会性も死にそうだという時刻から、いずれも死んで失われたという時刻までに、かなりの時間経過があったはずだよね。そのなかで時間をかけて死を受け止めるっていう話だった。

近代国家の戸籍法の下に、一線を引く死亡時刻が法的にルール付けされた。死の受け止め方としては、不自然な方向だといえるでしょう。死の瞬間を定義しようとして、いつからなら臓器を取り出しても許されるかなどという、脳死問題のようなものも派生してしまった。

死生観を崩壊させてきた日本

あともう一点、大きな問題が、戦後の、とくに団塊の世代と、現代の若い世代のギャップです。

今の団塊の世代あたりは、一番死生観が崩壊している。面白い統計（統計数理研究所の「日本人の国民性調査」）があって、一九五八年と二〇〇八年に、おなじ項目で死生観調査をやっているんですよ。それを見ると、あの世を信じるかっていう問いかけと、信仰を持っているか、実は一番低いのが一九五八年の二〇代、つまり今の団塊世代です。あの世を信じるのも十数%しかいないし、宗教を信じるというのも十数%しかいなくて、その当時の七〇代が宗教性もあの世思想も両方偏りを持っているのね。

ところで、二〇〇八年に、もう一度同じ質問をしてみると、二〇代のあの世があると思っている率が、四九%に一挙に上がるんですよ。戦後の文化的な社会的背景も大きく影響しているし、ここ一〇年ぐらいで、さらに変わってきている。[2] いくつかの大学で緩和ケアの講義をしたときに、二〇代の若者の声が聴ける貴重な機会と思って、「あの世あると思う人は手を挙げて」って尋ねてみた。受講する学生や所属学部の理系度と受験の難易度に、宗教性は反比例するようなんだ。自分がまわった中では、旧帝大の医学部が一番低い。教育、とくに理系や医学部の専門教育は、死生観を歪みなく受け止めるという点では大丈夫なのか、言い換えれば、合理主義妄信が植え付けられていないか、この点が問われるべきでしょうね。

暗闇を見つめ、下りていく道しるべ

宗教って本で学ぶものに現代ではなってしまっているけれど、実は逆なんじゃないのか。知識じゃなくて自分たちの力で看取っていた時代は、当たり前のようにお迎えが来たし、死後世界がすぐ身近にあった。そのような社会に生きていて、またそう思わざるを得ないような事件をみんなが共通体験として持っていたんじゃないですか。

看取りの空間は大切にされなければならない。自然現象としての死を体験することは人間にとって必要なことだから。非合理で不条理なものは、目の前から見えなくするっていうのが、たしかに近代都市の基本的なルールでしょう。ゴミはゴミ箱に、見えないところに捨て、臭わないようにふたをする。その空間を保つために、葬儀社が処理にきます。死者はゴミ箱側のほうに入っちゃったんですよ。で、気づいたときには、もうお骨になっているわけだよ。

リアリティを持って死という現象を見つめなくなってしまったのが現代人。いつも車に乗っている人の脚力が弱まるように、人間の機能としてみたら、廃用退縮《はいようたいしゅく》、使わない機能が退化してしまう。非合理で不条理な自然界の中にさらさないと能力が低下しちゃう。そんな現代人にさえお迎えがあれだけあるというのは、本能に深く根ざしている現象だからだと思います。お迎えに向かう、非合理で不条理なものを扱う智慧、暗闇に下りていく道しるべとして、大事にしていかなければいけないでしょう。東北大で臨床宗教師を育てる取り組みに頑張っているのも、非合理や不条理と向かい合うことのできる人を残していくためなんです。

（聞き手―葛西賢太、二〇一一年九月二一日、岡部医院にて）

［注］

1　諸岡了介／相澤出／田代志門／岡部健「現代の看取りにおける〈お迎え〉体験の語り――在宅ホスピス遺族アンケートから」『死生学研究』九、二〇〇八年。

2　統計数理研究所の「日本人の国民性調査」によれば「あの世」を〝信じる〟という人は一九五八年の二〇％から五〇年を経て二〇〇八年は三八％へと倍増しており、とくに二〇歳代では四九％と半数近くが〝信じる〟としている。http://www.ism.ac.jp/kokuminsei/page2/page19/index.html

II　宗教のケアが絆を強める

第四章
ソーシャル・キャピタルとしての天理教里親活動の可能性

金子珠理

はじめに――ケア論の視座と天理教里親活動

天理教の社会活動には、里親活動をはじめとする社会福祉、そして本格的な災害救援隊を持つなど地道で社会のニーズに応じた活動が多いが、世間におけるこれらの知名度はそれほど高いとは言えない[1]。本章では天理教の「宗教的ソーシャル・キャピタル」としての可能性を有する社会活動のうち、里親活動を取り挙げる。「宗教的ソーシャル・キャピタル」とは、堀内一史が言う「単に宗教団体内における宗教的諸活動に限らず、全体社会の中で信仰者が関わりを持つ宗教価値に基づいた社会的実践の効果として生み出される社会ネットワーク、互酬性の規範、相互扶助、信頼」を意味する［堀内 2008, 106］。

一九八一年に、天理教は宗教界ではじめて里親会を結成した（その後名称を天理教里親連盟と改称）。同時期に浄土宗でも里親会の成立がみられたものの長くは続かず、今では唯一天理教だけに宗教系里親会が存在する。また関係者にしか知られていないのだが、養育里親（養子縁組を前提にしない里親）の世界では、一五〜二〇%が天理教里親だと言われる［天理教社会福祉百年史編集委員会 2010］。これまで天理教内において、本流である「においがけ」（布教）や「おさづけ」[2]による「おたすけ」（救済）に比すれば、里親活動はどちらかと言うと二次的な活動とみなされがちであったが、ここ十年ほどで教内機関紙（誌）においてその推進が積極的に図られるようになり、いわば「里親ブーム」の観を呈している[3]。これは偶然かもしれないが、宗教社会学で論議されている「宗教の社会貢献」や「宗教の公益性」に呼応するかのような近年の新しい傾向である。ところで「家族構成員間の強い情緒的絆」を特徴とし、ケアが保障されるはずの「近代家族」の「親密圏」の実態は、「制縛圏」へと転化しうる密室的空間での暴力を伴うものであることが、ジェンダー研究によって明らかにされてきた[4]。そこでは、DVの被害者である女性が子ども虐待においては加害者にもなりうる逆転現象さえ生じる。さらに家族内でのケア役割が女性へ偏っている点、そしてケアが「強いられた労働（forced labor）」にもなり得るアンペイドワークである点も重要な発見であった。その間の地域社会の変容およびグローバリゼーションによる格差の拡大に伴い、家族における弱者（とくに子ども）へのケアのあり方が喫緊の課題として今日模索されている。もはや従来型の「家族の絆」を強調しても実効性は少なく、むしろ家族を超えた「もう一つの家族的なつながり」が今や宗教という「もう一つの親密圏」においても試みられていると言える。

天理教の里親活動は、このようなケアの観点からすると、どのように位置づけられるのであろうか。天理教が推進する里親活動とは、果たして近代家族の綻びに対する単なる対症療法に止まるのか、それとも新しい家族観を打ち出そうとしているのだろうか[5]。一方で天理教の里親活動は、宗教による社会貢献の一例として捉えることもできる。昨今の「無縁社会」や「格差社会」などに対応しようとする「宗教の社会貢献」の議論において目されている「新たな絆づくり」や「ケア」という言葉は、耳あたりのよいものだが、その際それらの背後にあるジェンダー構造への批判的視点は看過されがちである。ケア論の出発点である心理学者キャロル・ギリガン（Carol Gilligan）の視座はまさにジェンダー批判であったことを考えれば、この点にも注意が必要であろう。

以上のことを念頭に置きながら、まず近年の日本社会における養育里親への需要の高まりと児童福祉法改正の要点を簡単に整理し（第一節）、その上で天理教の教会を中心に実施されている里親活動の特徴を把握し（第二節）、さらに活動の諸相を考察することによって宗教的ソーシャル・キャピタルとしての可能性を探っていきたい（第三節）。

1　養育里親に対する社会的需要の高まり

養育里親の重要性と「専門里親」の創設

子どもは、家庭において親の愛情のもとで養育されることが望ましいことは言うまでもないが、何らかの理由で家庭での養育が困難な子どもについては、家庭に代わる環境を与えて健全な育成をはかり、その自立を支援する「社会的養護」が肝要となってくる。その方法として、児童福祉施設への入所（施設養護）と里親家庭への委託（家庭的養護）があるが、全国的にみて、施設入所児童の比率が高いという現状がある（二〇〇九年現在、里親家庭への委託児童は一〇・四%にすぎない）[6]。養護施設で長期に生活せざるを得ない子どもたちが、成長し、その後自分の家庭を持つときに、モデルとなるべき姿を体験していないことは、大きな困難をひきおこすことが指摘されている。

また近年の児童虐待の増加からして、今や養護施設で暮らす子どもの大半が被虐待児童である（厚生労働省「児童養護施設入所児童等調査結果の概要」によれば、二〇〇八年二月時点で五三・四%が虐待体験を持つ）。虐待を受けた子には、本来家庭的な環境の下、一対一で愛され安心や信頼の感情を持つことが、その後の成長になによりも大切である。現在、養護施設が満杯になりつつある事情も重なり、里親委託の重要性は増すばかりである。二〇〇四年に策定された「子ども・子育て応援プラン」においても、里親の普及率を二〇〇九年までの五年間で一五%にすると設定されたが、今も達成されておらず、新たに二〇一四年までに一六%という目標設定がなされている。また「児童の権利に関する条約」第二〇条「家庭環境を奪われた子どもの養護」でも、施設への収容よりも里親への委託を優先している。

従来、里親には、大きく分けて「養子縁組里親」と「養育里親」という区別がなされてきた。現状としては養子縁組里親の希望者が多い。地域差もあるが、たとえば名古屋市の場合ではそれが八九%にも及んだ［飯田 1999］。養子縁組里親に登録する家庭のほとんどは実子のいない家庭であるが、その要望に合う子どもの数は少ない。それに対し養育里親の場合は、成人したり自立できれば基本的には親元へ帰ったり、独立したりして、いずれは離れていってしまう。問題行動や事情のある子が来る場合もあり、登録数も少なく年々減少傾向にある。里親登録者全体としてはここ十年ほどで微増しているにもかかわらず、養育里親に委託されるべき子どもはそれ以上に増え続けているのが現状である。養育里親には里子の医療費、学費等必要とされる経費は自治体から補助され、また子どもにかんする最終責任は自治体がとってくれる。だが里親へのいわゆる手当については、二〇〇八年度までは月約三万円であった。もし問題行動の多い児童を預かった場合、その精神的、肉体的、時間的な負担は重く伸し掛かり、それに自分の仕事をかかえていてはなかなか普通の人では勤まるものではない。このような養育里親に対する養育委託費の低廉も、委託不振の原因とみなされてきた。「力量だけはプロであることを求められて、支援は不十分、待遇はボランティア」では行き詰まってしまうというわけである。

こうした中から、二〇〇二（平成一四）年に児童福祉法が改正され、被虐待児に特化させた「専門里親」が新たに創設された。同年、厚生労働省により里親の種類も「養育里親」「専門里親」「短期里親」「親族里親」の四種類に定められた。

「専門里親」には、児童福祉関係者、養育里親経験者などを資格者とし、被虐待児の心理やそのケアについて研修を受けた上で養育にあたってもらう。里親自身が疲れ切ってしまわないように、レスパイトケア（息抜き）制度、養育相談など、施設によるバックアップ体制もとられる。期間は二年程度で、手当は、これまでの一般里親の三倍（月額九万二百円）となった。〔その後二〇〇九年度より養育里親への手当は児童一人につき月額七万二千円（二人目以降は三万六千円）、専門里親へは月額一二万三千円（二人目以降は八万七千円）に改善された。また被虐待児童に加え、非行などの問題のある児童および身体障害、知的障害または精神障害のある児童に対象が拡大された〕

さらに、二〇〇八（平成二〇）年の児童福祉法改正により、里親の種類は「養育里親」「養子縁組を希望する里親」「親族里親」「専門里親」の四種類に変更される。ここには養育里親と養子縁組里親とをはっきり区別することによって、子どもを取られるかもしれないという実親の心配を払拭し、養育里親への委託を容易にしようという狙いがある。

ファミリーホームの制度化

そして今最も注目されているのが、里親によるファミリーホーム事業である。これは、社会的養護の必要な五、六人の子どもたちを、親代わりとなる人の住居で育てる里親制度の新たな形である。大家族での家庭生活を通して、子どもたち同士の成長を促すことを主な目的としている。これまでも都道府県や政令都市などで独自に制度化されていたが、二〇〇九（平成二一）年には「小規模住居型児童養育事業」の名称で国の制度として創設された。児童養護施設にも、五、六人のグループホーム形態で運営されている小舎制のものがあり、これとファミリーホームは混同されやすい。両者の違いを若狭一廣は次のように説明している。「どちらも一般的には〈一軒家〉を利用し、夫婦である職員が住み込みで子どもたちのケアを行うが、小舎制の職員はあくまで住み込みの職員であり、休日には自宅に帰り、そこには家族もいる。一方、ファミリーホームは自宅を提供することが前提であるから、職員は別の場所へ帰るということがなく、その家族も当然同居となる。」［若狭 2009, 61-62］。お互いに逃げ場のない環境にいるからこそ、真の家庭環境が提供できる、というわけである。自宅であるから親戚や縁者の訪問もあり、児童の社会性を養うのに適した環境となり得る。

ところで、若狭が事務局長をしている日本ファミリーホーム協議会（当時里親ファミリーホーム全国連絡会）が二〇〇七年に行った多人数養育里親にかんする調査の結果、大半が天理教里親であったという。これら既存のファミリーホームを国の正式な制度へと位置づけていく際に、若狭や土井高徳をはじめとする天理教里親関係者の尽力が大きかった。実際に二〇一〇年三月時点で、全国で五三ヶ所が登録、運営されているが、そのうちの約三割が天理教教会である［二〇一一年一二月時点で全国で一四五ヶ所となる」。このことからもすでに天理教の教会とファミリーホーム事業との相性の良さが窺われるが、もちろん天理教以外の里親単体やファミリーホームもたくさん存在し、天理教にしか里親活動はできないというわけではない。しかしファミリーホームにとどまらず天理教において里親活動がなぜ可能なのか、その精神的、物質的基盤の独自性や特殊性を次節で詳しく考察しよう。

2 天理教の里親活動の基盤

「たすけ」の精神

そもそも里親制度は一九四八年に法的に確立されたが、それ以前にも天理教の教会では「里親」の土壌は形成されていたと考えられる。社会的に排除されてしまった人々を教会が昔から受け入れ、その自立を助けながら、ともに生活してきたことからすれば、子どもの数人は預かっていた筈であるという［若狭 2001, 34］。

升本栄久・天理教里親連盟初代委員長も、教会の一室を児童収容施設「ぼくの家」に当てていた。この施設は、近くの結核療養所に療養に来る親が子どもを一緒に連れてきてしまうので、病院長の要請を受けて、教会でその子どもたちを預かることとなったのである。しかし結局その後施設を拡大しようとしたのであるが、資金不足と病院の移転により施設は閉鎖され、収容していた子どもは里親として引き続き教会で育てることになったという〔松原 1997, 61〕。その後もこの会長は里親として多数の子どもを育て、連盟の委員長に就任するに至っている。また教内全体としても、第二次大戦直後に、「孤児を育てよう」のスローガンの下に、「一教会一名」の里子引き受けを目標とする運動が展開されたのである。

一九四八年の里親の制度化以降、登録者は増加したが、一九六二年に約二万人に達したのを境に、その後は減少の一途をたどっていった。天理教の里親関係者は、こうした状況を憂い、「里親制度を全教に啓蒙し、活動の充実を図ろう」と声を上げた。そうして一九八一年、宗教界では じめて天理教は里親会を結成し、会員数三四一人でスタートした。その後、天理教里親連盟と改称し、現在に至っている。教内の里親開拓と、会員相互の児童育成の体験や意見の交換などを目的に、親里《おやさと》（広義には天理教教会本部や天理教の施設がある場所を意味する）や教区・支部で研修会を実施している。しばらく会員数の減少がみられたが、二〇一〇年五月現在、同連盟の会員数は四三九人（うち、登録里親三六一人）、二四一家庭（全国比率九％）で四六二人（全国比率一二・八％）の里子を養育している。一九九九年度の会員数が一三九人であるから、ここ十年ほどの里親活動推進により会員数は飛躍的に伸びてきたと言える。その中には、専門里親、養育里親、養子縁組里親、週末里親、補導委託里親（家庭裁判所の管轄、判断で、刑期を少年院で過ごす代替措置として、主に保護司などの家庭に委託する）などが混在しており、それぞれがお互いに連絡を取り合って協力している。特徴的なのは、天理教里親連盟では、その設立の段階からすでに、養育里親がもっとも推奨されるものとして位置づけられている点である。養子縁組里親では、どうしても親側の欲やメリットが介在してしまうためであると思われる。

天理教里親連盟の精神的支えの一つとなっているのは、『稿本天理教教祖伝逸話篇』八六「大きなたすけ」である。子どもが生まれたが乳の出が悪くて困っている夫婦から、世話を依頼された女性が、自分も乳が出なくなっていたので教祖中山みきに伺いをたてたところ、「金が何んぼあっても、又、米蔵に米が何んぼ積み上げていても、直ぐには子供に与えられん。人の子を預かって育ててやる程の大きなたすけはない」との仰せがあったという話である［天理教教会本部編 1977］。

二〇〇二年一〇月に、中山善司四代真柱《しんばしら》（＝管長の意）が発布した、『諭達』第二号の主要テーマは正に「たすけ」であることからも分かるように、天理教信者にとって「たすけ」はとりわけ重要な関心事である。先述の若狭一廣・船東分教会長（東京）は、「信者からお供え（献金）をもらって何もおたすけしないで暮らしていたのでは、それではまるで賽銭泥棒だ」と考え、ある日この逸話を読んで「自分の教会では里親活動をしよう。それが一番のおたすけではないか」「この逸話を目標として、子育てに関しては日本一の教会になろうと思った」と述べている。またある里親は「教祖の雛型を少しでも通らせていただき、大きなたすけをしているのだと、勇んで喜んで育てさせていただいています」というように、里親活動はあくまで「たすけ」実践の一環なのである。

また、一九一〇年設立の児童養護施設、天理養徳院の養育指針も天理教里親連盟のモットーとなっている。それは、初代真柱中山眞之亮《しんのすけ》の「人の子も我が子も同じ心もて、おふしたててよ〔＝世話をしてやってくれ〕この道の人」という御歌である。先の逸話「大きなたすけ」とこの御歌が天理教の里親にとっては大きな心の支えであり、精神的基盤となっていると言える。このように教理が主体的な契機として個々の信仰者に内発的に働きかけ、里親活動を支える基盤を形成していることは、松原浩一郎も指摘している通りである［松原 1997］。

天理教の里親の特徴として、障害児やいわゆる問題児など難しいケースでも引き受けることも挙げられる。近年の児童虐待の増加とそれに伴う家庭的養護の必要性が叫ばれるはるか前からこのような傾向はあった。たとえば松本武子が二〇年ほど前に行った多くのフィールド調査の中には、天理教の教会長のケースも登場する。「北海道のS家」という教会では、「子どもを選ばなかったからうちに来るのは問題児が多かった。児童相談所はいろいろな子をよこした」という［松本 1991, 158-159］。天理教の里親が子どもを選ばないということにかんしては、宮城県や埼玉県などの児童相談所関係者も指摘している（天理教里親連盟の機関誌『さとおや』に散見される）。かといって単なる「行政の手助けではなく、親神様からの預かり物」として里子を受け入れているのである。

こうして見ると、世間で養育里親や専門里親の重要性が認識され、その法整備が行われる以前から、天理教では「たすけ」の精神によってそれらがすでに実践され、むしろ行政の方が追従してきたことが分かる。

教会を中心とする里親活動

天理教里親連盟の会員の九五%以上が教会長である［天理教社会福祉百年史編集委員会 2010］。藤本忠嗣・現天理教里親連盟委員長の座談会における発言からも、教会が率先して推進すべきであるという思いが読み取れる［天理教社会福祉研究会編 2005］。先にみた「たすけ」という精神的基盤の他に、天理教教会による里親活動を可能にする他の要因を以下では探ってみよう。

天理教教会の特徴の一つを表すものとして、「キリスト教の教会には応接間しかないが、天理教の教会には居間も食堂もある」という説明の仕方がある。自宅から教会へ通勤する牧師とは違って、天理教では祈りの場（神殿）と生活の場とが一体化しているのである（ジェンダーの視点からの批判的検討についてはここでは触れないでおく）。

天理教の教会は、全国に一五九ヶ所ある「大教会」のそれぞれの系統下に「分教会」（全国で一万六六六一ヶ所）、さらにその下に「布教所」（全国で一万七八八二ヶ所）が配置されている（二〇一二年三月現在）。教会の成立にかかわる縦の系統が重視されているため、毎月教会長は、上級[7]教会や天理教教会本部（奈良県天理市）へ参拝するのが習いとなっている。このように地域での教会同士の横のつながりよりは、上級教会との縦の関係が重んじられる傾向があるなか、教会で里親活動を行うことにはジレンマも少なくないが、後述するように、必ずしもそれが教会にとってマイナス面となるばかりではない。

教会が里親活動をする場合、多くはこの中間的な存在である、自由裁量が比較的容易な「分教会」レベルでなされていることが多い。「分教会」と言っても規模も機能も様々で、広い神殿を有し、教会長家族以外の「住み込み人」(同居する信者)の部屋を多く抱えるところもあれば、建売住宅の一室にささやかな「神様の間」があり教会長家族だけで暮らすところもある。里親活動を行っている教会は、ある程度規模が大きく、また財政的にも安定して余裕のあるところが多いようである。教会建物が広ければ、兄弟がバラバラにならず一緒に預かることも可能となる。個室が確保しやすいので、今まで一般家庭にいた児童がいきなり施設に行くのとは違ってギャップも少なくて済むという利点もある。また里親単体での養育はともすれば閉鎖的になりやすく、時には虐待の危険性を抱えるが、教会には常に家族以外の「住み込み人」や出入りする信者などの目があり、その風通しの良さは虐待防止の機能を併せ持つであろう。教会に出入りする様々な人の存在は、里子の社会性を養うばかりではなく、教会長夫妻が不在のときの留守番や家事等の手伝いなどという実質的な支援にもなる。レスパイトケアという正式な形でなくとも、教会同士のネットワークで気軽に児童を一時他教会に預かってもらえる関係がすでにできていることも[若狭佐 2005]、教会独自の人間関係資本となっていると考えられる。さらに次節で見るように、措置期間が切れる満一八歳以降の里子への精神的・経済的支援や、法的にはその義務のない実親まで含めた幅の広い支援（おたすけ）を行うキャパシティを備えていることも、天理教里親の特徴となっている。

「おつとめ」の問題

一方で、天理教教会への里子の委託にあたって問題になるのは、教会で毎朝夕に行われる宗教儀礼、「おつとめ」への参加の是非である。もちろん宗教の強制が里子にあってはならないし行政からも委託のさいに説明が行われるが、上述のように難しい子どもも積極的に引き受けてきたことで築かれた行政との信頼関係もあって、行政からも一定の理解が得られているという［天理教社会福祉百年史編集委員会 2010］。直接的には里子のおつとめ参加には、「おつとめの手が揃う」[8]という教会側の利点もあるが、ある教会長によれば「今の世の中、家族が皆同じ方向を向いて、何か同じことをするっていうことはない。教会だからこそおつとめを通して家族が同じことをする機会を提供できるから、家庭的な雰囲気に恵まれなかった子どもにはよいのではないか」と言う。また「おつとめそのものに癒しの効果があるのではないか」との見解もある[9]。実際、教会において里子におつとめ参加を求めているところが圧倒的に多いが、そういう場合でも本人の意志を尊重する配慮がなされている。「おつとめの時間には必ずその場に来てもらうが、そこで実際におつとめするかしないかは本人まかせにしている。そこで寝ていてもよい」という具合である。

教会の活性化

庄司順一らの調査によれば、世間一般の里親家庭の仕事形態を見たところ、里父にかんしては自営業が二一・八%となっており、全国の世帯業態推計値における自営業の比率一一・九%よりも高くなっていることが分かる〔庄司／益田 2001〕。自営業では父親がいくら忙しくとも家庭の近くに常にいることが里親をしやすくしていることが推測できる。部内教会〔大教会にとっては分教会、分教会にとっては布教所。上級教会の逆の意〕を抱えて、副業する必要のない位の規模の天理教教会は一種の自営業とみなすことができる。このような比較的財政的に安定した教会に対する信者の眼差しは、「自分のことだけしていればよいから結構だ」となるのだが、その教会が里親をはじめることによって社会的意義や公益性を提示するや否や、そのような信者の不信の眼差しにも変化が現れ、教会の本来の機能が回復することが報告されている〔天理やまと文化会議 2001〕。愛知県のある分教会では、「里子の運動会と大教会の月次祭の日程が重なったとき、うちの会長さんがもちろん運動会を優先すると宣言されたのには感動した。会長、よくぞ言ってくれた。」という具合に、信者と教会長との信頼関係も深まっていく。

このように里親活動は社会的意義を持つばかりではなく、教会の活性化にも貢献しているのである。里親たちが、「里子の世話取りをしているうちに、教会にたすけ道場としてのムードが出てきたのではないか」「難渋だすけの道としてお与えいただいた里親活動、地域だすけの接点としての神様のご用は数限りない」と述べているように〔天理教里親連盟編 2002b〕、教会内外への波及効果も大きいと言える。

次節では、里親活動の諸相を、特殊と普遍のせめぎ合い、教会と地域との関わり、ジェンダーという三つの視点を交差させながら事例に即し考察したい。

3　天理教の里親活動の諸相——特殊と普遍の間で

「教会家族」の特殊性とファミリーホーム事業

天理教教会は、近代家族とは異なり、血縁によらない人々が集まった形態の家族を成し、いわば「教会家族」ないし「拡大家族」と言ってよい。臨床心理士の早樫一男・彌生布教所長が述べているように、そこには「神様によって巡り合わされた、たましいの家族」という意識がある〔天理教道友社 2010〕。天理教教会の「特殊性」について、家庭養護促進協会の岩崎美枝子は「天理教教会の家庭は、〝脱家族〟であり、そのような特殊な家庭環境に里子を紹介するのに実は長い間、ためらいがあった」と、戸惑いを正直に述べている（二〇〇二年一一月に行われた天理教里親連盟二〇周年記念行事シンポジウムにて）。そして「特殊な環境ゆえにできることがある、ということはかなり後になってから理解できるようになった」と。養護児童の利益を最優先するならば、まずは天理教という特殊性が最大限活用されてもよいであろう。しかし家庭的養護を社会全体の問題として普遍化するにあたっては、以下のような課題を抱えていると考えられる。

たしかに「たましいの教会」としての「教会家族」は、血縁の枠を超えた様々な人々が暮らすという点で「脱近代家族」であるが、そこでモデルとなっているのは教会長夫婦を中心とした近代的な性別役割分業である。これは一般の里親家庭についても同様で、サラリーマンの夫と専業主婦という組み合わせが想定されている。むしろ現在ではこのような性別役割分担の方が少数派となり、特殊な存在と言えるかもしれない。里子の身の回りの世話をするのはやはり母親であることが多いことは、関係者からのインタビューから窺われる。たとえば「(教会の里親活動においては)本当に大変なのは家内の方なんです」という男性教会長の発言からそのことが分かる。「結局、里子たちの実際の世話をしているのは教会長夫人なんですよ」「教会長は家を空けて外で里親活動のPRに明け暮れていますから」というわけである〔天理教里親連盟 2002a など〕。一方、里父である教会長に期待されている役割は、「叱り役」「信仰面での指導」「おつとめの徹底」「厳しさ」、そして「大事(学校や警察関係)」や「ここ一番のとき」である。世間の父親から比べれば家にいることが多い教会長(里父)だが、身の回りの世話や学校や地域活動を含め子どもの育児全般へのかかわりは里母が大部分を担っている。しかもそれはアンペイドワーク(不払い労働)に近い。世間の一般家庭で、このような肉体的・精神的に過酷な労働は現代の女性にとっては難しいと思われる。一般社会の核家族等における里親登録の不振傾向の一因はここにもあるだろう。

このことは逆に言えば、本来社会全体で考えるべき養護児童のケアを、ある種の精神的・物質的・人間関係的な資本（キャピタル）と言うべきものを有する篤信家に依存しすぎてきたことの裏返しでもある。養護児童は社会全体で取り組むべき問題であり、天理教という特殊な資源・資本をもつ者が抱え込みすぎるというのは望ましくないのではなかろうか。言い換えれば、天理教里親がソーシャル・キャピタルとしてたしかに機能しながらも、本来社会全体の問題としての養護児童の問題を抱え込んでしまうというところに、その社会的展開性（橋渡し型ソーシャル・キャピタル bridging social capital として一般の人々へ開かれる側面）での弱さがあり、他方、社会の側も天理教に任せてしまうという一種の責任放棄につながるところがあったようにも思える。

しかしここに来て、図らずもファミリーホームの制度化によりこの状況に根本的な変化が起こりつつある。ファミリーホームという事業は「生活し、家事育児すること自体が仕事」という側面を持つからである。若狭によれば、「教会長夫妻（夫が会長のケース）がファミリーホームを始めた場合、主たる養育者は専従なので、ホーム長には会長夫人が就任し、会長はファミリーホームの勤務者となる。二人は二四時間態勢で勤務しているので、それなりの〈所得が発生する〉が、生活は基本的に今までと変わることはない。とくに教会長としての働きが制限されるということもない」という［若狭一 2009, 64］。もちろんこの逆になってもよく、養護児童にとっては夫妻のいずれかが教会長として社会と接点を持つことは好ましいだろう。現実的には、里母（教会長夫人）に家事・育児負担が集中しているケースが多いとしても、家庭での里母の家事・育児というケア労働がアンペイドワークではなく対価のある仕事として認定されるというのは、フェミニスト経済学的に見て画期的なことである。さらにファミリーホーム制度では、子どもを世話する「養育者」夫婦（原則）の他に、足りない部分は外から一名以上を家事などの「補助者」として雇うことが義務付けられている。[10]その分、国からの費用の支援は充実したものとなっており、家事負担の軽減が図られていると言える。このようなシステムは、天理教教会はもちろんのこと、一般にもファミリーホーム事業への参入を容易にし、里親活動が普遍化される契機となるかもしれない。

特殊から普遍へ――治療的専門里親「土井ホーム」の実践

里親登録会員の増加に伴って、里親の「質」が今まで以上に問われることとなる。自己流の「おたすけ」ではなく、最新の科学的知見に学び、それを実践に生かすことが不可欠となってきた。とくにファミリーホームに関しては、第三者による評価機関の設置等が義務付けられている。天理教里親連盟ではこれまでも各種研修会が開催されてきたが、二〇〇九年より「専門研修会」が年二回企画され、一層の資質向上が目指されている。

その中で最先端を行くのが、日本における「治療的専門里親」のパイオニアとして実践と研究を重ねてきた土井高徳・分教会長（北九州市）である。その活躍は毎日新聞や西日本新聞、NHKでも大きく紹介された。土井は『陽気』誌に掲載された天理教里親の手記を読んだのをきっかけに、二〇〇二年に里親登録した。ファミリーホーム「土井ホーム」の認可は二〇〇八年、定員六人（男女）、スタッフ八人（土井氏、えり子夫人、長男、妹、四人の補助要員）で運営されている。ホームに委託される児童は、ベースに虐待があり、それに発達障害が重なり、行動化としての非行あるいは精神症状といった二重三重の困難を抱えている。そうした児童には愛情をかけさえすればよいというわけではなく、一人ひとりの深刻な状態に適切な対応をするために、土井は臨床教育学の方法論を大学院で学び博士号も取得した。その成果が著書『青少年の治療・教育的援助と自立支援』［土井 2009a］であるが、そこでは天理教への言及は慎重に避けられている。おそらくは「生活そのものを治療的に働くよう統合し、秩序立てられた環境を構成していく」という「生活の構造化」の理論と実践を普遍化しようとする意図があるものと思われる。しかし別の論文では、教会という安定した秩序ある空間の中での「構造化」された日課と「環境療法」的な治療・開発教育援助の有効性が実践報告の形で論じられている［土井 2006］。ここには天理教という特殊に根ざしながらも普遍へと突き抜けようとする土井の志が窺える。

里親は法的には養護児童にのみ責任があるが、土井は児童の背後にある「実親」へも温かい支援の眼差しを忘れず、結果的にジェンダーセンシティブな対応となっている。発達障害がいわゆる「母原病」であるかのような誤解が世間や教育現場でまだまだ根強いなか（先般の大阪の家庭教育支援条例案など）、措置対象の水面下において苦しんでいる親子（とくに母子）は数多い。たしかに場合によっては発達障害には家族集積性（家族の複数の者が発達障害を持つとそれらが倍加され悪循環をもたらす現象）が指摘されることもあり、とくに母親自身が広汎性発達障害を持つケースではネグレクト（育児放棄）等の虐待のハイリスクになり得るという［土井 2009a］。その際、母親を悪者として切り捨てるのではなく、真に支援の必要な者として視野に入れながら、児童のみならず母親まで「丸ごとたすける」という姿勢は、天理教里親連盟事務局の杉山公康も指摘するように、天理教里親の特徴の一つである［杉山 2005］。

中間施設の機能

土井ホームでは、二〇〇五年より家庭裁判所からの補導委託を受け始め、さらに近年は少年院を出たあとに更生保護施設や家族が引きうけを拒否して帰住先のない青少年を受け入れる「中間施設」の機能を強めている。そこでは、社会的な自立への支援を目的として、生活スキルや対人スキルなどを養うだけでなく、少年たちにとって安全感が感じられ、自立を果たした後にも帰っていくことが可能な「居場所」として重要な意義を果たしているのである。社会的にこのような受け皿はまだきわめて不十分であり、受け皿がないために少年院を出たあとに再犯に追い込まれるケースも少なくない。そのような中間施設を整備し、立ち直りの支援を充実させていかずに、少年犯罪の厳罰化の施策を進めても何の問題解決にもならないと、土井は強調する［土井 2009a, 241］。ここにもまた、本来、社会全体で普遍化すべき問題を、特殊な資本を持つ天理教教会が担っている姿がある。それゆえに行政の暗黙の期待として、措置延長の二〇歳でもなお自立の難しいケースが、土井ホームには送られてくるという。しかし、こうした子どもたちを支援していくために、土井は一六職類もの専門家と常に連携・協同している。そのようななかで、社会との太い絆が生まれ、地域の理解も生まれ、教会にいろいろな人が出入りすることによって、地域に支えられた教会活動という展望が開けてくる、という［土井 2009b］。土井による一見すると職人芸・名人芸的な活動には、実は地域や社会との連携という秘訣があり、それがまた教会が地域に開かれるきっかけともなっている点は興味深く、教会活動のモデルの一つとなるであろう。

衛星コミュニティ型教会――「陽気ぐらしの家　わかさ」の実験

土井ホームのような措置期間が切れた後の処遇困難な児童のみならず、大学進学にかかわる費用や就職準備、自立するためのアパートの敷金などは、現実的には里親の自己負担に拠るところが大きい。結婚適齢期になれば、結納や生活道具を揃える必要も生じる。里親会やからの補助が得られる場合もあるが、ファミリーホーム事業による個人収入の積み立てをもってそれらに対応するのは容易ではない。また順調に自立できなかった場合は、そのまま教会にとどまることとなり、元委託児童がそのまま一般の「おたすけ」対象となってしまうこともある。ファミリーホーム「陽気ぐらしの家　わかさ」（代表：若狭一廣・船東分教会長、東京都荒川区）では、部屋を増築したり、向かいの一軒家を購入したりしたが、それも限界に近づいてきたときに、窮余の策として、数件の家族に教会から徒歩五分以内のアパートなどに引っ越してもらうことにした。そうして教会を中心にまるで衛星のようにしてそれら家族が点在することとなった。近くならば学校も一緒でケアもしやすい。彼らの生活の本拠は自宅だが、ほぼ毎日教会に来訪し、食事をとり、休日は一日中教会で過ごす。教会に友人を呼ぶこともあり、まるで教会が実家のようになっている。そしてこのシステムが教会にとってもメリットをもたらしているというのである。児童の親は教会の用事を手伝ってくれ、教会長夫婦が外出のときは留守番や食事の支度をしてくれる。このようなお互いに助け合う互酬的関係からは、「互い立て合い助け合い」の教理を実感できるし、発達障害などで対応が難しい児童でも、実親と教会が密に協力しあえばなんとかなることも多いという。各種教会行事に誘うことも大切だが、何よりも毎日顔を合わせることによって、日々クライアントと家族的な信頼関係を構築してこそ、中身の濃い「おたすけ」が展開可能となってくる、というのが若狭の確固たる信念である。

地域との関連で見れば、東京都荒川区のような気さくな下町であっても、いきなり数家族がまとめて教会に引っ越してきて閉鎖的なコロニーを作るとある種の違和感を発してしまうかもしれない。それよりは、衛星型で点在する方が地域社会に溶け込みやすくなり、延いては、要養護児童に対する地域社会の理解と協力に自然とつながっていくことにもなると、若狭はいう［以上、天理教社会福祉百年史編集委員会編 2010］。このような衛星型コミュニティの試みは、教会という特殊を地域という普遍へ開いていくことによって予想以上の「おたすけ」効果を上げていると言えよう。

おわりに

「土井ホーム」も「陽気ぐらしの家　わかさ」も、里親活動を展開するなかから自然と地域へと教会を開いていった事例である。逆に地域のいくつかの天理教教会や信者がボランティアグループを形成し、地域と関わりながら活動実績を積んでいくなかから里親活動に至るケースも現れてきている。二〇一一年八月にＮＰＯ法人化した「旭都たすけあいネット」（大阪市）は、一九九九年より任意ボランティア団体として施設のトイレ掃除、老人の話し相手、イベント手伝い、買い物支援、図書修理、雅楽教室などをしていくうちに、喫緊の課題である児童虐待や青少年の非行問題に対応するために里親活動へと活動を展開していった。里親活動の広報活動を積極的に行い、里親サロンも開設している。雅楽教室（天理教にとってはお手のものである）を開催し、東日本大震災復興支援隊も派遣しているが、信者以外の地域の人々も気楽にアクセスできる垣根の低いものとなっている。一般に里親会は内向きの車座社会になりやすくその閉鎖性が指摘されているが［庄司／鈴木／宮島 2011］、日頃から里親サロンの形で「たすけあいネット」のようなオープンなところに位置づけて各方面へ開いておけば、人材交流が図られ、より充実したものに発展すると思われる。

本章では天理教教会に焦点を絞って考察してきたが、ともすれば教会長家族の教会となりがちな教会が、里親活動を通して地域に開かれ、本来の教会の機能を回復していくという側面も明らかになった。今後、教会での里親活動が次世代へと継承されていくときに、教会のあり方も変化していくものと考えられる。実際に元里子が教会や活動を継承するケースも出てきているが、当事者である元里子の視点からの検証も必要であろう。

また、教会のみならず一般天理教信者が実践している里親活動についても補わねばならない。たしかに処遇困難なケースは教会の方が対処しやすく、深刻になってからの本格的な治療には威力を発するが、根本的にはそうなる前の予防的な取り組みがより重要であり、これは一般信者が率先して担っていけるのではないかと予想される。調査していくなかで、里親登録中で未委託の間に、地域の子育て支援グループ活動を主催しながら、未然に虐待や非行の芽を摘み、場合によっては行政につないでいくという地道な「おたすけ」にも出合った。教会中心の華々しい「おたすけ」が目立つなかで、そうした目配りのきく日頃の地味な地域での絆作りも天理教一般信者による「おたすけ」であり、それが里親活動の志と連動している点は興味深い。

各種の社会的資源を活用しながら、「たすけ」精神や人的ネットワーク、教会生活などといった天理教独自の資源を駆使して切り開いてきた天理教里親活動は、社会全体で取り組むべき家庭的養護への関心を喚起し、それを普遍化し社会へと橋渡し（bridging）していく原動力となっているのである。

［注］

1 「新宗教教団は社会改善のための政治運動には無関心である」という欧米の宗教学者（ヘレン・ハーディカなど）の見解に疑問を投ずるロバート・キサラは、「新宗教における社会倫理」の研究の一環として天理教の社会活動も取り上げている［キサラ 1992］。

2 お授け。病をたすけるために一般信者に親神から渡される救済手段。

3 教内紙の特集記事として「特集　里親は〝大きなたすけ〟――家庭の温もり伝えて」（『天理時報』二〇〇〇年二月二〇日）、ビデオ資料として「教会家族　船東分教会」（天理教の時間「ドキュメント陽気ぐらし」二〇〇一年一二月一六日放送分）などを参照。月刊誌『陽気』二〇〇〇年四月号にて里親についての座談会が開かれ、引き続き体験記が八回連載された。その体験記と天理教里親連盟の機関誌『さとおや』から抜粋された体験記をまとめたものとして、［天理教里親連盟編 2002b］がある。二〇〇七年から丸二年をかけて『天理時報』に掲載された、長期連載シリーズルポ「里親の現場から」（全一八回）を中心に編纂されたものとして、［天理教道友社編 2010］。天理教以外でも、里親に関する関心の高まりから関連書が多く刊行されるようになった。［村田 2005, 和泉 2006, 坂本 2008］など。

4 ［金井 2011, 沼崎 2004］を参照。

5 筆者はかつてこれらの点について論じたことがある［Kaneko 2003, 金子 2004］。本章はこれらを下敷きに全面的に加筆・修正を加えたものである。天理教と近代については、［金子 1995］などを参照。

6 世界的には、イギリスの里親委託率は六〇%、他の欧米諸国も四〇%から八〇%を占めている［天理教道友社 2010］。

7 上級教会とは、大教会↑分教会↑布教所、あるいは分教会↑分教会↑布教所というように、信仰的つながりにおいて上位にある教会を指す。分教会にとっては大教会、布教所にとっては分教会が上級教会となる。上級教会が遠方にあることも多い。

8 各教会での朝夕のおつとめは、教会本部にならって、だいたい日の出・日の入りを基準に、毎日時間を定めて行われる。五人の人衆《にんじゅう》が一列にならんで、鳴物（楽器）などの道具を用いる。この五人が揃ってつとめられるということを、「おつとめの手が揃う」という。

9　土井高徳によれば、二つの動作を一緒に行う協応運動の能力を高めるのに、おつとめが効果を発しているという［土井 2009b］。

10　二〇一二年四月一日施行の「ファミリーホームに関する児童福祉法施行規則の規定の改正」に依る。

［参考文献］

飯田幹雄「名古屋市における里親委託の現状」（全国里親会編『地域里親会活動実践事例集一五』一九九九年）

石前喜代「天理教里親連盟の活動と家庭問題」（金子昭＋天理教社会福祉研究プロジェクト編『天理教社会福祉の理論と展開』白馬社、二〇〇四年）

和泉広恵「里親であるということ――親子という絆へのふたつの距離」（関東社会学会『年報社会学論集』第一五号、二〇〇二年）

和泉広恵『里親とは何か――家族する時代の社会学』勁草書房、二〇〇六年

大竹信彦「天理教里親連盟の活動と課題」（天理教社会福祉研究会編『天理教社会福祉』一八号、二〇〇五年）

金井淑子『依存と自立の倫理』ナカニシヤ出版、二〇一一年

金子珠理「「女は台」再考」（奥田暁子編著『女性と宗教の近代史』三一書房、一九九五年）

――「天理教における里親活動の文化的・社会的基盤とジェンダー」（平成一三年度～平成一五年度科学研究費助成金研究成果報告書『宗教とジェンダー――その性支配と文化的構造の研究』〈研究代表者・伊藤公雄〉二〇〇四年）

キサラ、ロバート『現代宗教と社会倫理』青弓社、一九九二年

坂本洋子編『わたしたち里親家族！』明石書店、二〇〇八年

佐藤浩司「教会の役割と里親」（天理教社会福祉研究会編『天理教社会福祉』一九号、二〇〇五年）

『里親と子ども』編集委員会編『里親と子ども』二号、明石書店、二〇〇七年一〇月

「社会的養護とファミリーホーム」編集委員会編『社会的養護とファミリーホーム』一号、福村出版、二〇一〇年
庄司順一／益田早苗「日本の里親制度の現状と課題」（養子と里親を考える会編『養子と里親　日本・外国の未成年養子制度と斡旋問題』日本加除出版、二〇〇一年）
庄司順一編著『Q&A　里親養育を知るための基礎知識』明石書店、二〇〇九年
庄司順一／鈴木力／宮島清『里親養育と里親ソーシャルワーク』福村出版、二〇一一年
杉山公康「天理教里親連盟の歩みと今後の課題」（天理教社会福祉研究会編『天理教社会福祉』一八号、二〇〇五年）
天理教道友社編『〝たましいの家族〟の物語　里親――神様が結んだ絆』天理教道友社、二〇一〇年
天理教教会本部編『稿本天理教教祖伝逸話篇』一九七七年
天理教里親会（天理教里親連盟）編『さとおや』一号～、一九八三年～（不定期発行）
天理教里親連盟編［2002a］『天理教里親連盟二十年のあゆみ』二〇〇二年
――［2002b］『この子らの〝いのち〟を見つめて――私たちの里親体験記』養徳社、二〇〇二年
天理教社会福祉研究会編『天理教社会福祉　里親特集』二〇号、天理教社会福祉研究会、二〇〇五年
天理教社会福祉百年史編集委員会『陽気ゆさんへの道――天理教社会福祉の百年』天理教社会福祉研究会、二〇一〇年
天理やまと文化会議「座談会　続子どもへの虐待をめぐって――養育里親の視点から（上）」（『みちのとも』天理教道友社、二〇〇一年八月号）
土井高徳「深刻な課題を有する青少年に対する治療教育的な里親実践」（天理教社会福祉研究会編『天理教社会福祉』二二号、二〇〇六年）
――『神様からの贈り物　里親土井ホームの子どもたち』福村出版、二〇〇八年
――［2009a］『青少年の治療・教育的援助と自立支援』福村出版、二〇〇九年
――［2009b］「教会が関わる里親活動の事例について」（天理教社会福祉研究会編『天理教社会福祉』二七号、二〇〇九年）

――『ファミリーホーム　開設・運営マニュアル』福村出版、二〇一〇年
沼崎一郎「愛と暴力――ドメスティック・バイオレンスから問う親密圏の関係倫理」（金井淑子他編『岩波 応用倫理学講義5 性／愛』岩波書店、二〇〇四年）
堀内一史「ソーシャル・キャピタルとボランタリズム」（稲葉陽二編著『ソーシャル・キャピタルの潜在力』日本評論社、二〇〇八年）
松原浩一郎「天理教社会事業史研究1」（天理教社会福祉研究会編『天理教社会福祉』三号、一九九七年）
松本武子『里親制度の実証的研究』建帛社、一九九一年
村田和木『「家族」をつくる――養育里親という生き方』（中公新書ラクレ）中央公論新社、二〇〇五年
八木三郎「社会的養護における天理教里親の意義」（天理大学おやさと研究所編『おやさと研究所年報』一七号、二〇一一年）
若狭一廣「東京都における養育家庭（里親）の現状並びに教会活動との隘路」（天理教社会福祉研究会編『天理教社会福祉』一〇号、二〇〇一年）
――「新しい児童養護「ファミリーホーム」と教会の新たな展望」（天理教社会福祉研究会編『天理教社会福祉』二八号、二〇〇九年）
若狭佐和子「里親活動と教会との連携」（天理教社会福祉研究会編『天理教社会福祉』一九号、二〇〇五年）
Kaneko, Juri. "Can Tenrikyo Transcend the Modern Family? From a Humanistic Understanding of Hinagata and Narratives of Foster Care Activities," *Japanese Journal of Religious Studies* 30（3-4）（Fall 2003）:243-258.
日本ファミリーホーム協議会ＨＰ　http://japan-council-family-home.jimdo.com/

［キーワード］

・養育里親

里親のうち、児童が親元へ帰るまで、または満一八歳になるまで養育するもの。二〇〇八年の児童福祉法改正により、「養子縁組を希望する里親」との区分が明確となった。

・専門里親

養育里親の一種で、虐待等により心身に有害な影響を受けた児童の他、非行や障害を抱える児童に特化させたもの。専門里親への委託期間は原則二年以内（延長可）。

・ファミリーホーム（小規模住居型児童養育事業）

専任の養育者の住居で、要保護児童五人ないし六人を受け入れ、大家族での家庭生活を通して、子ども同士の成長を促すことを目的とする里親制度の新しい形。二〇〇九年、国の制度として創設された。

・アンペイドワーク

不払い労働、無償労働などと訳される。家庭において主として女性たちが担ってきた家事、育児、介護などのケア労働はその典型。一九九五年の北京女性会議後、大きな関心を呼ぶようになった。

［書籍紹介］

・天理教道友社編『〝たましいの家族〟の物語』天理教道友社、二〇一〇年

二〇〇七年から丸二年をかけて『天理時報』に掲載された、長期連載シリーズルポ「里親の現場から」（全一八回）を中心に編纂されている。天理教里親の実践の様子を知るのに最適。

・土井高徳『神様からの贈り物　里親土井ホームの子どもたち』福村出版、二〇〇八年

治療的専門里親、土井氏のホームで養育された、虐待、発達障害、非行など幾重にも困難を抱える子どもたちとの生活の記録。二〇〇七年より『葛日本新聞』に連載した原稿に加筆したもの。児童養護や援助にかんする重要な用語の説明と章ごとに付された専門的解説が役に立つ。

・庄司順一編著『Q＆A里親養育を知るための基礎知識』明石書店、二〇〇九年

二〇〇八年の児童福祉法改正に伴う里親制度改正を盛り込んだ最新の内容で構成。読者に里親（希望者）を想定しているが、まだまだ一般には知られていない里親制度を概観するのに適している。

第五章 鎮守の森に保育園があることの可能性

室田一樹

はじめに

NHK朝の連続テレビ小説「梅ちゃん先生」[1]は、戦後の混乱期、闇市が活況を呈する中、封建的な家父長制を維持しようとする厳格な父親を尊敬しつつも、新しい時代の価値観に生きようとする女医の物語であるが、二〇一二(平成二四)年五月一一日放送回に次のような印象に残る場面があった。それは、主人公家族も含め戦災ですべてを失った三家族が夕食をともにする場面で、ネジを作って生計を立てる中年男が、「俺たちは戦争ですべてを失った。残ったのは人だけだ。だからご近所付き合いは大切にしなくちゃいけねえ(筆者要約)」と語ったシーンである。脚本家はおそらく、東日本大震災後の日本に向けて、この男にこの科白を語らせたかったのだろう。

神社保育[2]実践にとっても、この男の科白は看過できない。なぜなら、そもそも保育という営みは、ご近所付き合いに必要な人としての在りようを子どもの心に育むことも重要な目的の一つとするからだ。保育者との信頼関係を心の安全基地〔ボウルビィ 1993〕にして、自分の思いを通しつつも他者と親和的に生きるという両義的な生の在りようを、子どもが保育者と模索する日々が保育の場である。ドラマの男のいうように、ご近所を大切にするためには他者との協調性が求められるが、相手を優先しすぎると自分が自分でなくなってしまうので、自己を主張することも必要になる。自己主張と協調をうまくバランスさせて他者と親和的な関係を構築する土台を身につける場所が、保育園なのである。周囲のみんなから自分が肯定的に映し返され、みんなの中に自分が生かされる（活かされる）という、自己主張と協調の幸福な調和こそ、保育がもっとも価値を置くところなのである。

ところで、ご近所はたしかに大切なのだが、それを嫌った結果が高度経済成長後の日本の姿ではなかったのか。ご近所ばかりではない。親戚付き合いも面倒になり、家族すらも煩わしい存在にしてしまった。核家族ばかりか、今では独居者（孤族）[3]の増加が社会問題化している。その背景には長引く不況や高齢者の問題もあるのだろうが、「親の面倒をみることの煩わしさ」が「親への感謝」を上回り、「伴侶を持つことの煩わしさ」が「愛する人と暮らす喜び」に勝ってしまうというとき、そこを超えて、人とともに生きることの有り難さと煩わしさをどのようにバランスさせるかが、実は絆の議論の根っこの部分にある。

そして先のドラマのネジ職人の科白は、絆の及ぶ範囲にも言及している。それは、男がご近所との付き合いを大事にしろといったことにある。男は、〝残ったのは人だけだ〟というような事態に陥ったとき、つまるところ頼れるのはご近所の範囲でともに生きる人々なのだと言いたいのだ。それが絆の及ぶ範囲である。

現在の日本は交通網が発達し、移動時間をお金で購うことができるので、おそらくは大阪や神戸からであろうと思われるランドセルを背負った子どもたちが、早朝の京都駅の新幹線改札口を抜けていく。その姿は、我が子が近所の子どもとともに遊び、ともに学ぶことよりも、有名私立校へ通うことに価値を認める親の存在を教えている。このようにして人の生活範囲が広がりを持ち始めると、身近なご近所との付き合いは疎遠にならざるをえないだろう。地縁や血縁は希薄になり、価値観を共有するもの同士が集い、煩わしいことは避けて共有できる部分だけの縁を取り結ぶ社会が出現しているのだ。それは、情報化社会に重なる。

情報化社会は居住地に拘束されずに人と人を出会わせる。インターネット上で形成される人々の付き合いは、具体的な出会いの場所を必要としないばかりか時間に拘束されることもない。出かけたいときにだけ出かけ（パソコンを開け）、付き合いたいときにだけ付き合う（インターネットにアクセスする）。それが現代を生きる日本人の人とのつながりの形になろうとしている。だが果たしてそれだけを人と人の関係と呼んでよいのだろうか。人はほんとうに親子やご近所の絆を断ち切って生きていけるのだろうか。少なくとも子どもが育つ保育の場は、そうではない。

子どもが育つということ――それは他の誰でもないその子が、その子の個別具体的な生活経験を、「わたしのせんせい」や一人ひとり名前を持った目のまえの仲間たちと積み重ねる中で実現していく。目のまえに存在する他者は血の通う身体を持っていて、触れれば温かく、叩けば痛いというだろう。そういう相手とぶつかり合ったり、助け合ったり、わかり合えたり、わかり合えなかったりを繰り返して、子どもは育ってゆく。そこで見せる子どもの姿は、無邪気であったり頑なであったりするが、ともかく子どもはいつでもどこでもひたむきに生きている。自分の気持ちに正直に生きている。保育者の多くはそのようなイノセントな存在を、「不思議だ、理解を超えている、まるで妖精のようだ」などと思うこともあるだろうが、今日ほど発達や教育には無自覚であった（おそらくそうした言葉もなかった）はずの時代は、どのような子ども観をもっていたのだろうか。日本の産育習俗を参照しよう。

七つまでは神の子、あるいは神のうちとする習わしがこの国にはあった。神の子、神のうちという子ども観を、筆者は概ね次のように理解している。①七つまでの子どもは神さまのように神聖であるが、神さまのように何をしでかすか分からない存在でもある。それは、子どもが小さい大人として大人と同じこの国のこの世を生きているのではなく、大人とは異なる時間、空間を生きていることを意味した。七つまでの子どもはこの国（大人が支配する国）と神の国を自由に行き来できるのである。②七つまでの子どもは教育を必要としない存在である。それは、大人と異なる時空間を生きる子どもには、大人の国を生きるための教育が不要であるというばかりでなく、もしも大人の国の教育が施されてしまうと、子どもを無理矢理大人が生きる世界へ引き込むことになり、七つまでに経験しておかなければならない「重要な何か」を欠落させることになる。その「重要な何か」とはおそらく、自然と一繋がりになった動物としての人間の部分だろう。この時期の子どもは存在するだけでかわいく愛おしいが、それはおそらく、大人の中に残っているこの「重要な何か」が感応するからではないだろうか。③七つまでの子どもはこの国と神の国を行き来するだけではなく、この世とあの世も自由に行き来しており、その死は大人の死とは異なり、あの世へ戻ることである。それは医学が未発達な時代、あるいは間引きなどもあった時代の親に、ある種の安心感を与えた〔室田 2000〕。

筆者はしばしば、保育の場を子どもとともに過ごすなかで、子どもの言動に心が洗われることがあるが、そのようなとき、七つまでは神のうちだとあらためて思う。そうした育てる者の心情が、かつての日本の七つまでは神の子、あるいは神のうちとした子ども観に投影されていたのではないだろうか。このような子ども観を再考したい。これが本章の課題の一つである。

さて、冒頭にも書いたように保育の場は、「自分の思いを通しつつも他者と親和的に生きるという両義的な生の在りようを、子どもが保育者と模索する」場であるが、第1節はそのような保育の場で絆が内包するアンビバレンスをどのように捉えればよいのか、保育者はどのように子どもとその保育の場を生きるのかをケアの視点からも整理し、第2節は、エピソード記述によって、子どもと保育者との間に信頼関係が構築される過程を見る。

1　絆が内包するアンビバレンスと、保育の場の両義性[4]

絆が内包する有り難さと煩わしさ

牛や馬を木柵などに括り付けておく綱が、絆の語源であるという。今は「きずな」とルビがふられるが、語源からすれば「きづな」が正しいのかもしれない。また絆には「ほだし」という読みもあり、それは「情にほだされて、つい金銭を用立てた……」などの用例からもわかるように、人間関係に生じる束縛を意味しており、こちらのほうが絆の語源に近いと言えるだろう[5]。東日本大震災以降、絆の価値は高まるばかりだが、語源に立ち返れば、絆が必ずしも良いことずくめではないことがわかる。

冒頭のドラマにもよく表現されているのだが、封建的な家父長制は、夫と妻の上下関係や父親と子どもの上下関係、長幼の序を規定してきた。そこが煩わしいと、戦後の新憲法の下、家族関係を上下の関係から対等な関係に置換したつもりだったが、それがある種の家族解体につながった可能性は否定できまい。

封建的な家父長制が守ろうとしたものは、先祖との絆であった。墓や田畠、家屋敷を相続し、守り、次代へ継承することによって自分を含む家族が守られ、家系の伝承に労働と子育ての文化が内部伝道されていたのである。封建的な時代の「私」という存在は、血脈に誕生し、現実世界を生き、肉体は滅びても霊魂はその血脈に帰って行く存在なのであった。そして肉体を得てこの世を生きる時間に、労働と子育ての文化を正しく継承すれば良かった。自分がどこから来て、今何をなさなければならないのか、そして死ねばどこへ行くのかという宗教的な問いは、先祖代々受け継がれてきた墓に答えのすべてがあったのである。その家父長制という文化を解体して我々は今、家族の意味を模索しているのだが、家族の形態がどのように変化しようとも、「育てられる者がやがては育てる者になる」という子育ての世代間循環〔鯨岡 2002, 82-100〕を断ち切ることはできない。できないからこそ、家族の関係性に内在する人と人の結びつきの有り難さと煩わしさもまた、回避することはできないのである。

だが、そもそも絆が内包する〝有り難くもあり、煩わしくもある〟という二面性を、良い面と悪い面に二分してよいのであろうか。人とともに生きる煩わしさは、人が人を求めて止まないこと、人は一人では生きていけないことに起因するのであるから、絆のもつ〝有り難くもあり、煩わしくもある〟というアンビバレンスを、関係論的に捉え直す必要があるのではないだろうか。

自分を貫くことと、一緒が楽しいことの両義性

一つしかないハサミを取り合っていた二人が、いつのまにか二人の間にそれを置いて交互に使うことをきっかけに仲よくなってゆく過程で、譲りあえば、あるいは少し我慢すれば、一緒に遊ぶことができる、一緒が楽しいと思えるようになる。こうした気持ちになれた子は、少しずつで

はあるが相手の気持ちや相手の立場に理解を示すようになり、必ずとは言えないが、困っている人がいれば助けようとするし、保育者がちょっと待ってねと言えば待つし、片付けを手伝ってくれたりもするようになる。保育者は、新しく子どもを保育の場に迎えたとき、まずはその子がその子らしく振る舞えるように気づかい、自分を保育の場に出せるように手伝う。そうして自分を発揮して遊べるようになれば（自己を主張するようになれば）、同じように自己主張する子ども同士がぶつかり合う。そこでそのぶつかり合いを子どもの心が育つ機会が訪れたのだと思って、「あらあら、まあまあ、どうしたどうした」などといいながら、育ち合うのを手伝うのが保育者の仕事である。人はそもそも自己充実欲求（自分の思いを通したいという欲望）と、繋合希求欲求（人とともにありたいという欲望）の両方を持ち合わせているが、この二つを一度に満足させることは困難である。この二つは両義的なのである（どちらも正しいが両立させることが難しいこと。あちらを立てればこちらが立たずの状態）。人との結びつきは有り難いが、人から束縛されるのは煩わしいという思いは、繋合希求欲求と自己充実欲求の両義性［鯨岡 1998, 8-17］として捉え直すことで、他者とともに生きる地平が開かれていく。

保育がケアであるということ

前項で、子どもが育ち合うのを手伝うのが保育者の仕事である、と述べた。このように言うと、やはり保育園は親が働くために子どもを預かるだけなのか、といった批判が聞こえてくるようだが、少なくとも筆者が園長を務める岩屋保育園（京都市山科区にある岩屋神社の境内に一九五〇（昭和二五）年に開園。保育課程などの詳細は http://www.iwayanomori.org/ 参照）ではそうではない。紙幅が足りず、保育における教育とは何かを議論できないのは残念だが、「子ども時代を子どもらしく生きる」ことと、「私は私（自己充実欲求）、でも私はみんなの中の私（繋合希求欲求）」として生きることを保育の理念に据える岩屋保育園では、「子どもの心が育つこと」が教育の目指すところであり、それを生活の中で保育者とともに体験的に学ぶことが保育であると、方針を立てている。

子どもが「子ども時代を子どもらしく生きる」ためには、保育者は子どもを一個の主体として認め、支えることが求められる。端的に言えば、子どもにあれこれさせて能力をつけさせることが保育ではなく、一人の人として尊重してともに保育の場を生きることが保育であると捉えるのである。そして、子どもが「私は私、でも私はみんなの中の私」として他者とほどほどの距離を保ち、ともに生きることができるためにもやはり、保育者には子どもを一個の主体として認め、支えることが求められる。一個の主体として子どもを認めるということは、我々自身がそうであるように、子どもも感じたり考えたり欲望したりする存在であることを認めるということである。当然のことながら保育者もまた、感じたり考えたり欲望したりする存在として保育の場にいる。少なくとも岩屋保育園はそのように考えるので、保育者がみずからを完成された大人として、子どもに指示したり、教えたり、援助したりすることが保育者の仕事だとは思えないのである。では保育はケアではないのだろうか。

先にみたように、子どもと保育者が保育の場をともに生き、ともに育ち合うことが保育であるとするなら、保育というケアを保育者の一方的な援助とすることはできない［メイヤロフ 1993, 18-27］。だが保育者は、子どもを一個の主体として認めながらも、子どもよりも長じた存在として子どもを支えなければならない。だからといって保育者といえども完成された人ではないので、子どもとともに育つ。そこに保育の場の「ケアする者とケアされる者が育ち合う」関係が成立する。ケアする者はケアする過程で、ケアされる者もケアされる過程で学ぶのである。

たとえばオムツを交換する場面でも、保育者は汚物の色や堅さや臭いを確認するという作業を子どもの健康状態に関する情報収集だけで終わらせない。そうした配慮に加えて、大丈夫かしら？　苦しくないかな？　ご機嫌はどうかな？　といった具合に、その子の気持ちに寄り添うことを大切にする。それが子どもを一個の主体として認めることであり、支えることであり、子どもの心が育つ保育なのである。そのように関わることで保育者もまた、子どもから一個の主体として尊重される。なぜなら、正しいオムツ交換は、オムツを替えてもらった子どもから、気持ちいいよ、ありがとうという何らかのサインが保育者に向けられるからだ。保育者からの援助が、子どもからの感謝の気持ちとして保育者に映し返されることは保育者の喜びであり、子どもから一個の主体として認められ、支えられたことに他ならないだろう。このように、子どもと保育者が相互主体的に生きることが前提された保育の場では、行為（ここではオムツ交換）がケアではない。行為の背後にある心の交流と、その交流による子どもと保育者の心の育ちの過程がケアなのである。

保育は子どもとともに保育の場を生きた結果として、躾や教育の痕跡を子どもに認めることはできる。だからといって保育は、躾けたり、教えたりすることを目的としてはならない。子どもに、できないことをできるように「させる保育」は、子どもを一個の主体として認め、支えることを放棄せざるを得ないからである（これが安易な子ども中心主義でないことの論証は他の機会に譲る）。「させる保育」は、保育者から子どもへの一方的な行為であるから、それはここでいうケアにはあたらない。保育の場で「私は私、でも私はみんなの中の私」というときの私に、保育者自身も含まれることは、あらためていうまでもないだろう。

次に、ここでの議論を実際の保育の場から採集されたエピソードに見る。

2 他者への親和性の育ち

保育の場のエピソード記述を読む

エピソード記述［鯨岡 2005］とは、人が生きる場からエピソードを切り出し、エピソードそのものに問いを立て、エピソードそのものの中で考察を重ねようとする研究の方法である。常識や思い込み、従来の研究などを一度横に置いて、エピソードそのものに迫り考察するエピソード記述は、従来の保育記録とは異なり、エピソードの描き手（この場合は保育者）が客観主義的な立場を捨てて、感じたことや思ったこと、経験したことをありのままに、できるだけ生き生きと描き出すことによって、保育の場に生起した出来事の意味を考察する研究態度であるから、説明的な理解よりも、間主観的に分かるということが重視される。

次に紹介するエピソード記述には、零歳児クラスに入園した一人の女の子と保育者との間に交わされた感性的コミュニケーション［鯨岡 1997, 165-172］の展開が描かれており、その展開に第1節において整理した保育の場の両義性や保育というケアの本質が浮かび上がる。その濃密な時間に語られた保育者の子どもへの思い、子どもとの関係性の変容、それらを〝宗教的なもの〟とはいわないが、イノセントな存在が懸命に生きようとする姿は読み手の心を揺さぶってくる。[6]

エピソード記述――かなちゃん（仮名）を忘れない二つの出来事　岩屋保育園　小林陽子

〈背景〉

今は一歳二ヶ月になるかなちゃんが、七月にみどり組に入園したときは、まだ一一ヶ月の赤ちゃんだった。お母さんと離れると泣いてしまうことも多かったが、保育士に抱っこされると落ち着くようで、終日泣き続けることはなかった。それでも抱っこから降りると大きな声で泣いてしまうということが一ヶ月くらい続いたが、日を追うごとに保育士から離れて遊べる時間も長くなり、お盆も過ぎた頃には保育園生活も安定し、今では保育士と目が合うとニコッと笑ったり、バアと顔を出したりと、とても表情豊かに親しみを向けてくれる。そんなかなちゃんの思い出深い二つのエピソードを紹介したい。

エピソード①　私の膝を離れたかなちゃん　二〇〇八年八月一八日

かなちゃんが入園して約一ヶ月が経とうとしていたが、抱っこでないと泣いてしまうことがまだ続いていたある日、今日はかなちゃんが安心するまでずっと抱っこで一緒にいようと決心した[7]。

朝の活動のあいだもかなちゃんを抱っこしてほかの子どもが遊んでいる様子を見たり、かなちゃんと窓の外を眺めたりしていた。しばらくしてとても機嫌がよさそうだったので、少し疲れた私はしゃがみこみ、かなちゃんには私の膝の上に座ってもらった。そしてまた移動するときには抱っこになり、とにかく私はかなちゃんから離れないようにして過ごしていた。そんな繰り返しが何度か続いた後、私の膝の上に座って遊んでいたかなちゃんが、かなちゃんのほうから私の膝を離れて、棚に置かれたおもちゃへ歩み寄り、遊び始めた。

〈考察〉

保育園に入園し、初めてお母さんと離れて生活する子どもは、抱っこを求めて泣く。だが、もう抱っこからおりて遊べるだろうと思うのに泣きやめない子どもと一緒に過ごすと、お母さん以外の人が、どこまで自分の要求を聞いてくれるのか、試しているような気がすることがある。だが、その人を信頼し、自分の居場所は家だけでなくここにもあると分かり始める頃から、自分から興味あるものを見つけて遊び始め、楽しんでくれるようになるように思う。

　私の膝を離れてかなちゃんが遊び始めたときも、もしも私のほうからかなちゃんに降りてもらおうと働きかけたとしたら、大泣きになってしまっていたと思う。かなちゃんに限らず多くの子どもで経験してきたが、子どもたちが安心し、自分から保育士を離れて遊びだすタイミングというのはとても大切で、それは大人の都合によるのではなく、子どもたち自身が決めることだ。

　かなちゃんが私の膝を離れて遊び始めた瞬間、私は少しかなちゃんとの距離が近づいたような気がした。

エピソード②　かなちゃんの壁拭き　二〇〇八年一〇月二二日

　出勤した私は、いつものように保育室の壁を拭こうとタオルを準備していた。今朝は保育士や子どもたちのやってくるのが遅く、保育室にはかなちゃんと私のふたりだけだった。天気もよく、光が差し込む保育室は朝のすがすがしさに満ちていた。そのせいかかなちゃんも機嫌がいい。

私はかなちゃんが遊んでいる横で食事の部屋の壁を拭き終え、遊びの部屋の壁に移ろうとした。いつもなら保育士の姿が見えなくなると大泣きしてしまうことがあるので声をかけるのだが、この日のかなちゃんは一人だったが穏やかに遊んでいたので、何となく大丈夫かもしれないと思い、かなちゃんの遊びを中断したくないこともあり、黙ってそっと奥の部屋にいき、壁を拭き始めた。すると、「あー、あー」と楽しそうな声を出してこちらへトコトコとやってきたかなちゃんは、落ちていた靴下を手に持ち、それを雑巾代わりにして、しゃがんで壁を拭いている私と同じ高さでニコニコ壁拭きを始める。私と目が合うと、なんともいえない笑顔を見せてくれる。私はそんなかなちゃんを言葉では表現できないくらいかわいいなあと感じ、とても幸せな瞬間だなあと、温かい気持ちになった。

〈考察〉

私を追いかけて奥の部屋へやってきたかなちゃんだったが、保育士が見えなくなって不安になったというよりも、私と一緒にいたいのでやってきたという様子がうれしかった。壁拭きは私の模倣だろうが、模倣というだけではない何かを感じた。それは私と一緒にいることが楽しい、私とおなじことをすることが楽しいというかなちゃんの気持ちが、私にありありと伝わったからではないだろうか。つい最近になってやっと伝い歩きからトコトコと歩けるようになったかなちゃん、抱っこしてもらっていないと落ち着かなかったかなちゃん。そんなかなちゃんが自分で遊べるようになり、さらに私という存在を認めてくれ、好きになってくれたのではないかと感じられた瞬間が、ふたりだけの壁拭きの時間だった。「せんせいのそばがいい、せんせいが好きだからおなじことをしているよ」そんなふうに笑いかけてくれているように思えるかなちゃんに、「私もかなちゃんのことが大好き」という気持ちで、私の心はいっぱいになった。

七月に入園したかなちゃんが八月には自分から私の膝を離れ、一〇月には落ちていた靴下で壁を拭いていた。歩けるようになり、話せるようになり、遊びも豊かになり……と、見た目に分かる成長と心の中の成長。両方を間近で感じられるこの零歳児クラスの時期は、ほんとうにすごいと思う。

親和的な関係の構築というケア

エピソード①に描かれた、「抱っこでないと泣いてしまう」かなちゃんと、エピソード②の、「小林保育士と同じ高さでニコニコ壁拭きを始める」かなちゃんの姿は好対照をなしている。そのため小林保育士が、「かなちゃんが私の膝を離れて遊び始めた瞬間、私は少しかなちゃんとの距離が近づいたような気がした」ことが、より鮮明に浮かび上がる。それはかなちゃんが、心の居場所を小林保育士に決めた瞬間だったに違いない。

子どもが保育園に見つける居場所は、砂場や保育室に用意された小さな遊び場のような具体的な場所と、好きな人と、好きな遊びであるが、なんといっても心の安全基地といわれる好きな人の存在が重要である。親和性とは、原子や分子などの互いに結びつきやすい性質をいうようだが、「かなちゃんが私の膝を離れて遊び始めた瞬間」はまさに、二人が親和性を認め合った瞬間だったのだろう。しかしそれは偶然訪れたのではない。保育者の並大抵ではない努力によって漸く訪れたといってもよい。男女を問わずたいていの人は、赤ちゃんに泣かれて抱っこした経験をもっており、早く泣き止んでくれないかなあと思えば思うほど時間が掛かり、やっと泣き止んだと思っても座っただけで再び泣かれてしまうことも、よく知るところであろう。だが、保育者にとってこの時間は大切な時間でもある。それはエピソードが示すように、泣いてくれるから抱っこできるのであり、抱っこできるからその子とのあいだに親和的な関係を構築することができる。泣いている子を泣き止ませることが保育ではなく、〈泣く・泣き止む〉という子どもの行為に関与することで、子どもの気持ちを自分の気持ちにおいてわかろうとするところに、保育というケアの本質がある。それが小林保育士の模倣の解釈を生んでいる。

大人をまねるという行動はたしかに、子どものシンボル機能の発達に寄与するだろう。即時的であった模倣がやがて延滞模倣になる。それは子どもに〝いまの、ここ〟ではない時空間をイメージする力が育ったことを意味する。だが小林保育士は、そうした個体能力発達としての模倣の解釈だけではもの足りないのだろう。「模倣というだけではない何か」とは、目に見える模倣行為としての壁拭きの背後で動いていた、かなちゃんと小林保育士の気持ちのやり取りだと小林保育士は述べている。「私と一緒にいることが楽しい、私とおなじことをすることが楽しいというかなちゃんの気持ちが、私にありありと伝わった」ことこそ、小林保育士が一人の保育者として大切にしていることなのだ。

子どもと保育者の相互主体性

かなちゃんが泣き止むのは、小林保育士が抱っこしてくれたからには違いないが、それでも泣き止んだのはかなちゃん自身である。赤ちゃんは泣くことくらいしかできないなどと言うが、赤ちゃんは泣き止むこともできるのである。泣き止んだのは赤ちゃん自身だと捉えることが、子どもを一個の主体として認めることである。小林保育士がエピソード②の〈考察〉に、「自分から保育士を離れて遊びだすタイミングというのはとても大切で、それは大人の都合によるのではなく、子どもたち自身が決めることだ」と書いているが、この保育者としての経験から生まれた知見こそまさに、子どもを一個の主体として認める保育者の在りように他ならないであろう。

このように信頼関係を構築したかなちゃんと小林保育士であっても、互いの思いが食い違ってしまい、小林保育士がいつもかなちゃんの思いを受け入れてばかりいられるはずはないだろう。言葉によるコミュニケーションがもう少し進めば、小林保育士はかなちゃんの思いも尊重しつつ、自分の気持ちも伝えていくに違いない。そのような保育者との時間を通してかなちゃんは、「私は私、でも私はみんなの中の私」という心の育ちを遂げて行くはずである。

さて、絆が内包する有り難さと煩わしさというアンビバレンスを保育の場における自己充実欲求と繋合希求欲求の両義性として捉え直し、小林保育士が間主観的に捉え、描いた二つのかなちゃんのエピソードを読んだ。次節からは、このような保育が鎮守の森に展開したことで、そこを巣立った子らの保護者にどのような支援が行われたかを、ある保護者へのインタビューを通して考えたい。

3　鎮守の森の子育て支援

保育所保育指針改訂が鎮守の森の保育に与えた子育て支援の可能性

現行の保育所保育指針（以下、指針とする）が二〇〇八（平成二〇）年に改訂された折、それまで保育園にとってはオプションのような扱いであった子育て支援が、「保育士等の業務」とされた。従来は未就園児の親への支援と障碍のある在園児の保護者への支援が主な対象であったが、現行の指針では、在園するすべての子どもの親への育児支援を重視している。改訂前の指針では、家庭保育の補完とされていた保育所保育が、子どもへの直接的な保育とその保護者への育児支援の両方を行うことが保育園及び保育士の仕事と位置づけ直されたのである[8]。この在園児保護者を対象とする育児支援の義務化を肯定的且つ広義に捉えることで、鎮守の森の保育——神社保育にも新しい可能性が開けたのではないだろうか。ここでは、ある一人の母親にお願いしたインタビューを通して、保護者にとって保育園とは何か、その保育園が鎮守の森にあることの意味は何かという、本章のもう一つのテーマを考えてみたい。[9]

保護者へのインタビューを読む

インタビューをお願いした福岡さんは二人の男の子の母親である。兄弟の年齢が少し離れていたこともあり、岩屋保育園を一〇年間利用されたので、無理なお願いも快く引き受けてくださり、思い出話にも花が咲いたひとときであった。

福岡さんへのインタビュー　二〇一二年四月九日

簡単な挨拶を交わして近況を報告しあった後、私が迷っていることから話を切り出した。

〈インタビュー①〉

筆者――ここにある本書の刊行目的を読むと、仮題に使われている宗教やソーシャル・キャピタルをはじめ、ケア、絆、地域社会、福祉など、いくつかのキーワードが目につくのですが、たとえば宗教を仏教やキリスト教、神社神道といった既成の教団に限定するのか、それとも生活規範のようなものや慣習や風習の中に見いだされる宗教的なものも含むのか、そのあたりの議論がないまま依頼を引き受けてしまったので、少し戸惑っているところです。

福岡さん——そうですね。私もケアってなんだろうって思っていました。もちろんケアという言葉を知らない訳ではありませんが……。

筆者——ソーシャル・キャピタルも、社会関係資本といってしまうと何か私には遠くなってしまうんです。制度や枠組みを議論しても、ピンと来ないと言いますか、地に足がつかないと言いますか……。さきほど福岡さんはコートを脱いで、門から入ってこられました。もしもコートをお取りにならないままであれば、今日は都合が悪くなったので失礼したいとおっしゃるのかと、私は早とちりしたかもしれません。そういった、よその家を訪問する人の振る舞いと訪問を受ける側の振る舞いの交差するところに、それまでの両者の距離や親密度が表現され、挨拶を交わすことで、その日に抱えているそれぞれの事情や気持ちなどが交換される、それを互いに読み取り合える程度には互いが互いを知っている関係が土台にあることが、私がソーシャル・キャピタルを考えるための前提になるのです。それは地域社会についてもそうですし、コミュニティもそうです。福祉もそしてケアも勿論そうです。

福岡さん——そういえば、門を入るときは自然とコートを脱ぎますし、脱ぐということは上がらせていただくという認識を共有していると思います。

筆者――数日前ですが、境内で遊んでいた一歳児クラスの子どもたち数名が私の後を付いてきて、私が門を潜ると同じように門の中に入ってくるものとばかり思っていたら、そこで立ち止まり、玄関で振り返った私をじっと見つめていました。しばらく様子を見ていたのですが、門の敷居を跨ごうとはしませんでした。

福岡さん――ふーん、まるで結界ですね。

筆者――そうですね、驚きました。二歳になるかならないかでもう、門構えの持つ雰囲気を感じ取るのですね。そうした心情にも何か、宗教的なものを認めたくなるのです。

福岡さん――そうですね。私も「そんなことしたらバチがあたるで」と言われて育ちましたし、我が子にもやはり言ってますね。

筆者――そうそう、だれがあてるのか分かりませんが、この年になってもたしかにバチがあたったと思うときがありますね。

福岡さん――上の子がたぶん二歳くらいだったと思うのですが、法隆寺の伽藍や仏像の映像をテレビで見ていて、こうして（手を合わす仕草）拝んでいたんです。それを見て、宗教的な雰囲気が分かるのかなあと思って……。この子は敬虔な気持ちというか、そういうものを保育園で実感させてもらっているのやなあと思って……。いまでもとても印象に残っています。私自身も中学から大学までそういうところ（ミッション系）で育ちましたが、宗教的な雰囲気というか、敬虔な気持ちというか、そういうものはどの国の宗教にも共通していて、あっ、これは宗教的な雰囲気だ、とわかるのは、世界の国の背景を知り、その国を理解する上でとても大切だと思っています。［中略］

福岡さん――私は子どもが生まれたときから地域とつながったという実感があります。そうほら、Sさんとか、Oさんとか。それこそ、それまでしゃべったこともなかったし。引っ越したといっても新築でしたから入居したときはまだあまり人が入っていなくて、あんなに大きなマンションなのに前後、左右、上下、どのお家ともご近所付き合いなんてなかったんです。

筆者――それは意外ですね。賃貸ならともかく……。

福岡さん――そうですね。先日からニュースでも大きく取り上げていた子どもへの虐待事件ですけど、あのお母さんに子ども連れのお友達が一人でもいらっしゃったら防げたのではと。それは私にとっても別世界の話とは思えなくて。あの、一歩間違えば私だってと思えて、気持ちが分からなくもなくてね。核家族で、昼間一人で赤ん坊といるしんどさ。二四時間、その人（赤ん坊）がずっと自分に注目していて、自分だけを頼りにしていると思うプレッシャーはすごくて……。もしもたとえばおじいちゃんが同居してくれていて、育児なんかしてくれなくても、赤ん坊がちょっとの時間でもおじいちゃんを見ていてくれたとしたら、その時間だけでもほっとできる。自分に（赤ん坊からの）注意が向けられていないというのが、ちょっとあるだけで救われると。

筆者――そうだとすれば、保育園はずいぶん役立っていますね。

福岡さん――そうなんです。そこに同じような境遇の仲間がいる、そう思えるだけで、なんか陳腐なんですけど、そう、それでやっと一人、二人育てられるという気がしましたね。互いに気兼ねなく育児の愚痴を言い合ったり、都合がつかないときは子どものお迎えを頼んだり、保育園の休日に子どもを預かってもらったり。だから、保育園で知り合ったお友達というよりも、必死の思いで育児をしてきた戦友といった感じですね、今は。［中略］

室田――そろそろレコーダーの残り時間もわずかになってしまったんですが、何か言い残したことはありませんか？

福岡さん――そうですね。岩屋（保育園）のいいところ、いっぱいあるのにそれを言えてなかったですね。そう、やはり一番大きなことは、いい意味で放っておいてもらえたというか、とくに下の子がそうでしたけど、自分で自分の時間をマネージメントできたことが、やはり岩屋の一番の魅力でしたね。先生はもうお忘れかもしれませんが、下の子が卒園するとき、卒業関係行事担当の委員が相談して、子どもたちに「保育園で一番楽しかったこと」を聞いて、卒園式の謝恩会で発表しましたね。そうしたら、子どもたちの答えが一人ひとりその子らしいものだったでしょう。ともかく大人が想像した以上にバラエティに富んでいたし、同じことを取り上げていても、どう楽しかったかがやはり一人ひとりになっていて……。

筆者――そうでしたね。年長になってからのものが多かったように記憶していますが、行事に偏ることなく、ほんとにその子らしさを表現していて面白かったです。

福岡さん――そうなんです。きっと子どもたち一人ひとりが自分の時間を自分でマネージメントできたからこそ、その時間を自分なりに味わうこともできたんだと思うんです。

筆者――うーん、なるほど……。

福岡――一人ひとりということでは、環境も大きかったと思います。ぼーっとできるのも、退屈できる時間がもてるのも、木陰がいっぱいあったりとか、それこそ「死角」がいっぱいあったりとか……。

提供された話題から鎮守の森の子育て支援の可能性を探る

①神事や行事の意味――宗教的情操の涵養は求められている

福岡さんは、法隆寺のテレビ映像に手を合わせるご長男の話から、宗教的な雰囲気を感じ取ることと敬虔な気持ちを持ち合わせることの大切さを語ってくれた。もしも彼に岩屋保育園での宗教的な経験が影響を与えたとすれば、それは次のような機会であろう。

登園時、神社の鳥居、神門を通って園舎へ入るので（直接園舎に行くこともできる）、日常的に本殿に参拝する親子がいる。あるいは散歩に出かけるときや、境内で遊ぶとき、保育者とともに参拝することも少なくない。入園報告祭にはじまり、お田植え祭、夏越の大祓、秋祭の神輿巡行、七五三詣では、年長女児と年中男児はそれぞれ着物や袴姿になって親子揃って数組ずつお祓いを受けるが、それが通過儀礼であることも保護者には伝えている。節分に鬼がやってくれば、最後の卒園式は鎮守の森で、椎の木を神籬《ひもろぎ》にして行われる。こうした神道的な神事や行事を経験することは宗教的情操の涵養に幾ばくかの影響を与えずには措かないであろう。ただ、福岡さんも含めて多くの保護者は、神社神道の信者になる訳ではない。正月にはやはり気分も新たに氏神様へ参ろう、子どもが生まれれば初宮詣に行こう、十三参りも案内がくればお祓いを受けてもいいと思っても、あなたは神社神道の信者ですかと問われれば、躊躇するに違いない。福岡さんもやはり、特定の宗教を子どもに押し付けることは好まないが、どのような宗教であれ、我が子が宗教的雰囲気を感じ取り、敬虔な気持ちを持ち合わせることは必要であると考えているようだ。

②戦友と出会う場——保護者間の絆形成

福岡さんは、お子さんが卒園して三年がたった今でも、保育園のグランドで「戦友」たちと恒例のお花見をしている。今年も七家族が集まったそうだ。後日、参加者の一人から例年のように花見の場所を提供した礼も兼ねて「やはり岩屋の空気はいいですね」とのメールが送られてきた。卒園児の保護者にとって「岩屋の空気」とはなんだろう。日を改めて福岡さんに尋ねると、次のような返事が返ってきた。

「岩屋の空気がいい」と感じるのは、もちろん神社の持つ雰囲気もあるとは思いますが、当時のことを感慨深く思い出す気持ちも大きいと思います。いまだ保育園でお花見をしていること自体が、我々がいかに保育園でできた絆を大切に思っているかを表しているとも思います。

お迎えのとき、保護者同士神社でいろいろな話ができたのも、「鎮守の森の保育園」ならではのことだったかなと今になって思います。一応保育園の「外」だけど、大きな意味では「中」である、親子ともに安心できるひろびろとした空間で落ち着いて話せるのはありがたかったなあと。先生に聞かれたくない話も神社でならのびのびできましたし（笑）。

「岩屋の空気はいい」と言ってくれた福岡さんの戦友の一人は、夫婦で公立学校の教員をしているので、朝も早く、帰りも延長保育を利用しなければ育てられない状況であった。遅くとも午前七時四五分には両親と二人の子ども全員が家を出る。夕食はどうしても午後七時三十分を過ぎるそうだ。週末は翌週の食事の準備をはじめ、溜まってしまう家事に忙しいという。たいていの保護者は、このような生活をしている。

「そこ（保育園）に同じような境遇の仲間がいる、そう思えるだけで、なんか陳腐なんですけど、そう、それでやっと一人、二人育てられるという気がしましたね」という福岡さんの心情に、もう一つの心情、「核家族で、昼間一人で赤ん坊といるしんどさ」を重ね合わせるとき、保育所の入所要件から両親の就労を除外する新しい制度設計が検討されていることもうなずけるが、制度の改正で事足りるのであろうか。職住が一致していた、筆者が幼少の頃の風景を思い出してみよう。

かつて、岩屋神社の背後には行者ヶ森と呼ばれる山があり、前面には雑木林と竹薮が広がり、山から引かれた水を頼りにする田畑が続いていた。街道沿いに民家が建ち並び、代々農業を営み、職住一致の暮らしが継承され、そこを家庭保育の場にして子どもは育った。いわば血縁と地縁がセーフティネットとなっていた時代に比して、現代社会は保育制度や教育制度というセーフティネットを張り巡らさなければならないところへ追いつめられているのかもしれない。しかしながら、どれほど制度が充実したとしても子どもが育つこと、子どもを育てることは、人と人の関係性において成り立つ。福岡さんが戦友を必要としたことがそれを如実に語っている。二人が「岩屋の空気」と今も懐かしんでくれ、「あそこに、いつでも岩屋があると思うと心強い」と話してくれるその「岩屋の空気」は、鎮守の森という環境で子どもを中心に親や保育者がある時期をともに生きた証しとして、二人の記憶にいつまでも残るのだろう。

③「死角」がいっぱいある保育園――子どもらしく生きることと鎮守の森という環境

できないことをできるようにさせることが保育ではなく、子どもとともに日々を過ごす中で、子どもの心が育つことを願うのが保育であると考え、そのためには子どもを一人の人として尊重し、〝今日がその子の今日になる〟ように手伝うことを目指すようになって、保育環境も子どもが子どもの思惑どおりに使えるように準備している。それを福岡さんは、子どもが「自分で自分の時間をマネージメントできた」と表現した。

ところで、このように環境を整えて保育を実施することは何も鎮守の森の保育園に限ったことではないが、岩屋保育園の場合であれば、延べ一八〇〇平米を超える緑豊かな遊び場を神社から提供されている。広い園庭を確保する保育園や幼稚園は少なくないが、その遊び場が鎮守の森であればおのずから、宗教的なものとの出会いは演出されるであろう。

おわりに

改訂された保育所保育指針は、PDCAサイクルを思わせるような保育の評価と改善を求めている（例えば、指針第一一章一二「指導計画の評価・改善」及び指針解説書の当該箇所）。それは、PLAN（計画して）DO（実践し）CHECK（評価して）ACT（改善につなげる）という、工場の品質管理の手法を保育に援用するものであるが、そもそも乳幼児期の保育が成果や効果を求めるようなものなのであろうか。品質の均一化が保育なのだろうか。子どもが育つ、子どもを育てるという営みをそのように捉えてしまっては、保育の場は痩せ細る一方である。そもそもこのような保育観が醸成されてきた背景には、高学歴・高収入が幸福をもたらすという価値観がある。たしかに勉強することは生涯かけて必要なことであり、衣食足りて礼節を知るという程度には、収入もなければならない。だが、行き過ぎた幸福の追求が生んだ教育の歪みが保育の場にも及んでしまったのか、指針はこのような幸福観を背景に改訂されてしまったように筆者には思える。こうした動向に対して、鎮守の森の保育はどのような示唆を与えることができるのであろうか。

まずは冒頭に示したように、「七つまでは神の子」という子ども観の再考である。それは過度な早期教育を抑制する。そしてそこに生まれるゆとりによって、音楽や造形、物語、演劇といった表象世界に遊ぶ保育を増幅させることができる。なにより、子どもの遊びを教育の観点、それも有用性の観点から捉えず、遊びを遊びのまま肯定することを可能にする。大人が大人になる過程で捨て去ったイノセンスを肯定することを、「七つまでは神の子」の子ども観は教えてくれ、保育に奥行きを与えてくれる。インタビューに応えてくれた福岡さんが、「(我が子が)自分で自分の時間をマネージメントできた」と評価してくれたことなど、その好例であろう。そして子どもというイノセントな存在は、大人の過ちに気づかせてくれる。母親になって初めて環境の汚染や食品の安全性に関心を持つようになる人が多いのは、我が子がかわいいだけではなく、問題に目を背けることを子どもの純真なまなざしが許さないからではないだろうか。

次に鎮守の森の保育は、生活文化に宗教的なものを継承する必要性を提唱するであろう。宗教的なものは、神事や行事に限らない。生活文化のいたるところ、衣食住の隅々にまで宗教的なものの存在を、我々は認めてきたのではなかったのか［宮家 1989, 294-312］。たとえば大黒柱が家を象徴し、竈、井戸、便所にはカミがいた。食べることは命を頂くことであったし、正月に使う丸箸の両端が尖るのは、一方を歳神様が使うからだという。沖縄では布にそれを織った人の霊が宿るとされる。晴れ着を晴れ着という（普段着とも余所行き着とも異なる）のも、非日常（ハレ）と日常（ケ）の往還を意味した。そうした生活文化に認めてきた宗教的なものを鎮守の森の保育園が継承する必要を、筆者は痛感している。そのためには、宗教的なものを教科学習的に教えるのではなく、子どもにとっての生活者モデルとして子どもとともに保育の場を生きることで伝える――すなわち宗教的なものを保育園において内部伝道できるように生活文化を構築することが、鎮守の森の保育に携わる保育者には求められる。

最後に、鎮守の森からの提唱として手を合わせることを挙げておきたい。成果や効果を求めるあまり、保育をＰＤＣＡサイクルによって評価、改善しようとしたように、祈りもいつしか、見返りを期待するものになってしまってはいないだろうか。益を求めてでもなく、災難を回避したいからでもなく、ただ手を合わせるというような謙虚さが、子どもの育ちに関わる保育者に求められている。手を合わせないまでも、子どもと保育の場を生きて子どもから学ぶためには、己の無力を知るところに立ち返る謙虚さが、保育者には必要ではないだろうか。鎮守の森は、そのような保育者を育てる場でもある。

［注］

1　平成一二年四月二日より放送が開始された。尾崎将也の書き下ろしによるオリジナルストーリーで、同年三月一一日に発生した東北地方太平洋沖地震（東日本大震災）の復興支援プロジェクトの一環として位置づけられた。プロデューサーは岩谷加奈子。

2　おもに神社の境内に施設を持ち、神社神道を保育・教育のバックボーンとする幼稚園、保育園をいう。神社や日本の伝統行事を実践に取り入れていることが多い。全国神社保育団体連合会編『鎮守の森を保育の庭に　上下巻』学研、二〇〇一年を参照のこと。

3　朝日新聞で連載された「孤族の国」から話題となった。朝日新聞「孤族の国」取材班『孤族の国――ひとりがつながる時代へ』朝日新聞出版、二〇一二年がある。

4　私の理解では、「お母さんは好きだけど嫌い」というように、子どもは基本的には母親が大好きでも、躾が始まる頃から母親のある側面を捉えて嫌いだということがしばしばあるが、このように二つの相反する感情を抱く状態をアンビバレンスという。一方、どこまでも自分を貫きたいが、みんなと一緒も楽しいというように、どちらも正しいけれども、あるいはどちらも大切だけれども両方を一度に成立させることが困難なことを両義性と捉えている。どちらも矛盾あるいは二律背反ではあるが、アンビバレンスは、「好きだけど嫌い」、「おばけは恐いけど魅力的」、「かわいさ余って憎さが百倍」などのように、ある事柄に対して正反対の感情をもつことが、両義性と異なる。

5　『日本国語大辞典』小学館、一九七三年、『日本語大辞典』講談社、一九八九年を参照した。

6　相手の気持ちが自分の気持ちにおいてわかるということ。論理的であるよりも、思わず膝を打つような、はっと気づくようなわかり方をいう。相手の気持ちが痛いほど伝わってきて思わず涙した場合なども同様である。

7　国の定める最低基準に保育士定数の下限が年齢別に決められており、零歳児は三名の子どもに対して一名の保育士を配置しなければならないが、このエピソードのように一人の保育士が終日、一人の子どもに掛かり切りになるには、他の保育士の理解と協力が不可欠である。

8　保育所保育が家庭保育の補完とされていた背景には、育児の主体が保護者にあるべきとの育児観があったと思われる。それが改訂によって削除されたことの背景には、子どもの育ちが置かれている現在の日本の状況があろう。遊ぶところがない、同じくらいの年齢の遊び友達が近所にいない、核家族であるため専業主婦家庭であっても親の育児負担が限界を超える、育児文化が家庭で継承されないため、育児書が示すどこにもいない理想的な子ども像に親が振り回されるなど、子どもが就学まで、とくに満三歳まで地域と家庭で育つことが困難になったことが、家庭保育の補完という考え方を排除し、在園するすべての子どもの親への育児支援を義務付けた。

9　インタビューの場合もエピソードと同じように、「タイトル・背景・インタビュー・考察」を記述することによって内実の意味に迫らなければならない。しかし今回は、福岡さんへの依頼時に筆者の意図が強く出てしまったために、両者の予想を超えて語り合いが展開せず、予定調和的に終わってしまった。福岡さんのお話は興味深かったにもかかわらず、筆者のミスリードのためにエピソード記述の研究方法を採用できなかったことをお詫びしておく。

〔参考文献〕

鯨岡峻『原初的コミュニケーションの諸相』ミネルヴァ書房、一九九七年
鯨岡峻『両義性の発達心理学』ミネルヴァ書房、一九九八年
鯨岡峻『育てられる者から育てる者へ――関係発達の視点から』（NHKブックス）日本放送出版協会、二〇〇二年
鯨岡峻『エピソード記述入門』東京大学出版会、二〇〇五年
宮家準『宗教民俗学』東京大学出版会、一九八九年
室田一樹「鎮守の杜の保育ノート（一）　産育習俗に学ぶ」『神道宗教　第一七七号』神道宗教学会編、二〇〇〇年
柳田国男『柳田国男全集一五巻』「親方子方」「小児生存権の歴史」「童児と神」筑摩書房、一九六九年
ボウルビィ、ジョン『母と子のアタッチメント――心の安全基地』医歯薬出版株式会社、一九九三年
メイヤロフ、ミルトン『ケアの本質』田村真・向野宣之訳、ゆみる出版、一九九三年

［キーワード］

・相互主体性

二者間を関係論的に捉えるとき、互いに互いを一個の主体として認めることをいう。未熟な者、手助けが必要な弱者として位置づけられ、一方的に躾られ、教えられてきた子どもという存在と、子どもと保育者の関係性に、鯨岡は新たな光を当てた。

［書籍紹介］

・櫻井治男「家郷社会の変貌」『岩波講座6　絆　共同性を問い直す』岩波書店、二〇〇四年

本書に収録された論文はいずれも絆論として興味深いが、中でも櫻井が家郷社会の持つ両義性に言及している点に共感を覚える。また、鎮守の森論としても一読に値し、ムラの神社を通した共同体論に櫻井の独自性が読み取れる。

・鯨岡峻『ひとがひとをわかるということ』ミネルヴァ書房、二〇〇六年

intersubjectivity の訳語として鯨岡は、間主観性、相互主体性、共同主観性を当て、個体能力発達に対抗する独自の発達観を展開する。著者の京都大学退官記念として書き下ろされ、これまでの研究の足取りをたどりながら、鯨岡が築き上げた関係発達論の集大成となっている。

・津守真『保育者の地平』ミネルヴァ書房、一九九七年

自らの保育実践を省察した記念碑的書。「今日、子どもが必要とすることに私共は答えたい。その逆ではない」、「保育者はその日を生きるのに精いっぱいであり、一日の尊さを知っている」など、深い省察の行き着くところから生み出される珠玉の言葉が綴られる。

interview ——「生命をことほぐ」ことは、医療にも神道にも通じる　足立正之

足立正之《あだちまさゆき》氏（二〇一九年、逝去）
一九四五年、兵庫県生まれ。國學院大學文学部神道学科卒業。神社本庁に奉職後、愛知県、長野県、神奈川県内の神社奉仕を経て、一九七八年に靈山神社宮司に就任。福島県神社庁長などを歴任。医療関係者との交流を保ちながら、現代人の生と死について、家族・家庭・社会との関連に視点をおいた講演活動を行っている。

神職として終末期の患者とかかわること

昭和五二（一九七七）年頃のことでした。私は約半年間入院生活を過ごしておりました。入院している病院の副院長さんの要請を受けて、末期がんの患者の方と同じ病室で入院生活を送ったのですが、医療のあり方に疑問を感じることがありました。その方は末期がんですから放射線治療でも助からない状態でした。しばしば激痛を訴えておられましたが「先ほど痛み止めをあげたでしょ。痛むはずはないの！」という言葉が看護師から返ってきたのです。私は「こうした態度は、この病院だけの問題ではなく、我が国の医療界の実態では」、という気がしました。「患部は診ているけれども、患者は見ていない」と。私は医師にはっきり言いました。「貴方たちのやっていることは自動車の修理と一緒」と。怒る医師もいましたが、医大の講義のカリキュラムな

ども聞きながら「患部は診ているけれども、精神、心、人間を見ていない」「患者と家族の方々の痛みを感じていない」と思いました。ちょうどその頃から脳死や臓器移植が社会問題になってきました。

いったい医療とはなんなのか。とくにターミナルな状況は、生きるか死ぬかという命題を突きつけられている。患部しか診ない医療、患者を見ないというような修理だけの医療では、患者や家族にとって死を迎えるまでどのように生きるのか、といった心の問題に関してはまったく貢献できません。今、QOLということが問われています。クオリティーオブライフ、人間の尊厳ということをベースに考えると、クオリティー、生きる質、生き様ということを考えると、たんなる修理の医療のみではいけないと思うのです。

神職は結婚式、安産祈願、子供が生まれたら命名をして、お宮参りをして、七五三をしてというように、人生儀礼という様々な神事に参与いたします。神職も生まれるということ、死ぬということについて、大きな責任があると思うのです。

前述の患者は「あちこちたらい回しにされて、結局は実験材料にされただけだった」と言いました。「でも、足立さんはここで初めて会って、時には一緒に医者と喧嘩してくれたし、抜け出してラーメンを食べに行ったり。あなたと一緒にいてよかった」と言ってくれました。私はドクターでもないし、コメディカルでもないので医療行為はできません。ただ一緒に怒り、一緒にラーメンを食べた。これを非常に喜んで頂けたから、どんなことでも話せる関係にまで親しくなりました。

両親は彼の幼少時に亡くなられて、お兄さんと二人だけで満州から引き上げてきました。一人だけのお兄さんと力を合わせてなんとか生き延びて、お兄さんは幸い結婚して家庭を持ち幸せに暮らしています。お兄さんはこの弟がいたから生きてこられた。結婚できた。感謝して新居に彼のために一部屋を用意してくださった。けれど、お兄さんの家庭に迷惑をかけてしまうことは分かっていたし、苦労して結婚し、子供も授かったお兄さんの幸せに干渉してしまうことはできないと思い、一人で生活していました。こういうことまで話をしてくださる関係になれたのです。

こういう話をしていくことが彼のがん治療にどれだけの効果があったのか、おそらくなんの効果もなかったと思います。でもいつでもどんなことでも話ができる相手がいたことは、彼にとっては非常に楽であったのかなとも思っております。私の手を握りながら「サンキュー」と言って亡くなられました。彼の死に立ち会われた前述の副院長は、「ラーメンを食べるために足立さんと病院を脱走したことを誇らしげに話していました」と私に一礼してくださいました。そのとき、彼と私を同室にされた副院長の心意を初めて理解できたように思い、副院長はフィジカルな医療だけではなく、神職である私を通してメンタルな医療にも一歩踏み込もうとされたのであると感じたのです。

身近な者の死を経て思うこと

私事ながら、一昨年息子を二六歳で失いました。息子は今何をしているのか、何処にいるのか、自問自答しました。ターミナルの状況にある方とお付き合いをしている中で、私は神職であるから「霊魂は永遠なんだ」と言わなくちゃいけないというプレッシャーを自分に掛け続けていました。ところが息子を失ってからはこういうことは考えなくなりました。私の目の前に息子を見ることはできなくなりましたが、息子がいつも一緒にいるということはまったく疑わないのです。妻や娘達もそうです。今でも、三度三度食事を作って、一緒に食べます。死んだという事は事実ですが、いつも一緒にいると感じるのです。理屈や神学ではなく情感であり、それよりなる信念といえるのかもしれません。もっと突き詰めると、そのように思いますと息子の存在性がより一層高まり、輝いてくるのです。魂が永遠であるとか、死後の世界がどうなのか、そんなことはどうでもいいというか、考えなくなりました。そうすると楽になりました。

私は今、死ぬことをとても楽しみにしております。仕事に疲れたとか、早く楽になりたいとか、そういうことで死にたいのではありません。私は国際政治力学の観点から古代史を勉強しておりました。息子が大学に入った年に、一緒にやってみたいと言ってくれたのはとっても嬉しくて、息子とあちら、こちらの現地に調査に行ったり、次の調査のことを話し合ったりしているときはまさに至福のときでした。息子を葬るときには記紀や万葉集や歴史事典やいろんな書物を持たせてやりました。向こうでも頑張れよと。お父さんもこっちで頑張るから、お父さんがそっちに行ったら、また一緒にやろうと。そういう意味で死ぬのが楽しみなんですね。それをお聞きになった方に「死後の魂を貴方は信じているのか、魂は永遠なのか」と尋ねていただいても構いません。今、私は息子が逝く前よりも、はるかに多くの会話が息子との間にできております。

この六～七年はターミナルな状況の方に一人もお会いしていません。もしこれからお会いするとしても、難しいことは言わないでしょう。やっぱりいつも見ていてくださいますよ、いつも一緒ですよという事を、自信を持って言える気がします。たとえば、やっぱり息子にいつも見られている、息子の前では手抜きができないですよね。息子の御霊舎《みたまや》の前、写真の前では家内の手も握れません。一人身のままで逝った息子の前で女性の手など握ることはやはりできません。靖国神社にも花嫁人形がたくさん飾られています。私も家内も息子に花嫁さんを迎えてやりたいなと、今真剣に思っています。あちこちの人形屋さんに聞いたりしています。あまり大きな人形だと困りますが、角隠しを付けたら男性より大きくなってしまいますので息子の霊璽《れいじ》とだいたい同じくらいの高さの花嫁さんがいいなと。息子に対してこういう思いで過ごしています。

とにかく喋りたいことを喋っていただいて、一つの満足感を得て貰いたい

ターミナルの状態にある方や、そのご家族に対してこちらから何かを話すと言うことはほとんどいたしません。その方々が話したいことを思う存分話していただくことが多いです。死後のことについて私の思っていることを話さないわけではありませんが、とにかく喋りたいことを喋っていただいて、一つの

満足感を得て貰いたい。それがターミナルケアとして意味が有るのか無いのか、そういうことはどうでもよくて、その方々が満足されることだけで良いと思います。そうすると、現実がもっと楽になると思うんです。これは私だけが思っていることかもしれませんが、疲れるから少し休憩して話すなんていうゆとりは患者の方には無いんです。今のうちに何か話しておかないといけないという思いでおられるのです。とにかく話したいことをその方々のペースで話していただき、私は聴きに徹するんです。そうすると本当に顔が穏やかになるんですね。

これは非常に印象に残っていることですが、もう亡くなられた方、あるおばあちゃんのところに三回行きました。私は何もできないと言いましたが、来てくれるだけで良いと息子さんから頼まれて。「宮司さんが来て話をするとばあさんが非常に落ち着く」と言ってくださった。その方は私に難しい話を求めはされないからすごく楽に話せました。おばあちゃんに言いたいことを自由に話していただいて、相槌を打って、時には一緒に怒ったりして、非常に穏やかな顔つきになって。それだけなんです。

病院での研修を通じて伝えていること

今、私は地元の公益財団法人のある病院の新入職員の研修を担当しております。研修ではまず「この国は言霊の幸《さきは》う国」と言います。ドクターでも、コメディカルでも患者を治すも悪化させるも貴方の言葉一つで決まってしまう。科学的な客観性と普遍性で医学、医療は成り立っています。あなたたちはそれに関するライセンスを持っているわけだから、その技能は高め続けなければならないけども、ライセンスは資格証明書ではありましょうが品質保証書ではありません。あなたでしかできない医療行為を展開しなければならない。患部に対する治療だけではなく、患者の心に対する働きかけなんだと。患部に対する治療というのはクオンティティーオブライフ、量の保証にすぎない。患者の心に対する働きかけ、家族の心に対する働きかけこそが我が国の医療界に欠如しているクオリティーオブライフ、生の質を高めるということ。その一つの方法として、患者や家族に交わす言葉が大きな力を発揮すると。

一昨年亡くなった息子が、幼稚園生のときに大病を患いまして、二年くらい経って病状が安定して、徐々に運動させても良いと医者に言われました。近所の友達とソフトボールをやっていて、息子はまだ急激な運動はできませんから、キャッチャーでした。そのときに友達の振ったバットが息子の頭を直撃してしまったんです。それでまた病院に運んだときのドクターがすばらしいお方で「こんな大きなオペをした子が、ソフトボールをして、怪我をするくらい元気に回復なさったんですね」と第一声がこの言葉でした。大きなオペを二回もやって、家内もずっと看病をしていた直後の怪我で頭が真っ白になっていました。そのときにこんな大きなオペをした子がソフトボールをするくらい元気になったのなら大丈夫です。この子には生きる力があると言ってくださいました。この言葉であらゆる心配が吹き飛びました。これが言霊だと実感しました。だから患部を診る医療者ではなく、患者を見る医療者でないといけないと毎年言っています。

一緒に笑い、一緒に涙を流す、それだけでよい

神道では死生観はどうなのか、ターミナルの人にどのように説明し納得させるのか、とよく聞かれます。そういうことを私はまったくしていないので、ガッカリして帰られる。スピリチュアルケアということになりますと、非常に宗教的な雰囲気が漂う言葉ですが、その目的とは何なのか、要するに本人も家族も楽になればいい、死後の何かを保証することではないと思うんです。しかし、一般の方々、とくに宗教関係の方々は、スピリチュアルケアを「死んだ先の安心を保証すること」として考えすぎではないかと思います。そんなことできればいいのですけれど、私にはできません。死が恐怖に満ちているとするならば、その恐怖を取り除くという事は、いかにそれを忘れさせるかという事にも通ずると思いますし、忘れるためには今をいかに楽しく過ごすかということでもあろうと思います。それで、若い頃の失恋の話をして苦笑いして、歳取ったおばあちゃんがポッと頬を赤らめる。そんな会話ができれば、たとえ一瞬だけでも死を忘れていると思います。

患者とその家族と喜怒哀楽を共にして、一緒に笑い、一緒に涙を流す、それだけで良いんだと、そういったスピリチュアルケアにプロもアマチュアもないと思うんです。優しい暖かい家族と家庭が一番のスピリチュアルケアであると思うのです。日本の医療保険制度は世界に冠たる保険制度であるといわれておりますが、保険制度が充実した結果、日本人の死に場所が激変しました。ほとんどの方が施設死、すなわち病院で死ぬ。つまり家族と家庭から死が遠ざけられてしまった。死は稀にしか発生しないことではありますが、家庭と家族の日常のなかにあった。施設死は死を非日常のかなたに遠ざけてしまった。アルフォンス・デーケン博士の仰るデスエデュケーションが必要となった所以でしょうか。スピリチュアルケアのプロが求められるようになった所以でしょうか。

時おり家庭問題、夫婦問題、教育問題等で悩みをかかえている方が相談のために神社にお越しになります。そのときには二〜三時間も話を聞くに徹するのです。先日、初めて来られた方に、何で私のところに来たの?と聞くと、「足立さんに話をすると足立さんはすぐ泣く、一緒に泣いてくれるからそれだけでホッとして安心できる」と聞いて来たという人がいて、そういう風に見て頂けて有り難い気持ちになりました。

我々神職はお籠《こも》りや斎戒沐浴《さいかいもくよく》や潔斎《けっさい》とか難しいことを言います。それはそれで大切なことなんですが、たとえば、神詣《かみもう》でって堅苦しい杓子定規《しゃくしじょうぎ》なものではないと思うんです。神様に今日はすごく腹の立つことがあった、神様聞いてくださいと、愚痴をこぼしにくればいい。今日はひそかに思いを寄せる人に出会った、うれしい、そういう気持ちで神様にのろければいい。これが神遊びであり神参りであると。神様に鬱憤をぶつけてスッキリして帰ればいいし、喜怒哀楽を共にすれば良いと思います。ターミナルなお方にお会いする心も神詣でをするときの心と同じ心でいいと思うんです。

死後のことを思い悩み、苦しむよりも、楽しかったことに思いを馳せて談笑していたら、ふと静かになった。よく見たら、こと切れていた。そのような家族ケア・家庭ケアができれば良いですね。

瀬戸内寂聴師の「死んだ後はどうなるのって?それはわかりません。死んだことがないから」。あのお言葉とてもすてきですね。安心して諦住できます。「中今《なかいま》」（自分は、祖先〈過去〉から継承した命を、子孫〈未来〉に伝えていく中執りもちとして、今〈現在〉を充実させる）の大切さが実感できるお言葉です。

様々な価値観が交錯している世の中において、信仰を高いレベルに持っていくことが必要ならば、神学や教学が重要かと思いますが、そういう宗教心のとらえ方は、始めに教学、哲学、神学ありきじゃないのか、日本人の宗教心意はそういうものから出発してはいないのではないか、と以前から思っております。感性や情。感ずるだけで良いのではないのか。日本人が自然の中で何千年と生活を続けてきて、そしてその間に育み、培い、感じてきた、その情で解決できるならば、それ以上の物はいらないと思います。その方が微笑んでくれて、年寄りのおばあちゃんが照れ隠しで顔を赤らめてくれるぐらい、落ち着いて死ねたらとてもすばらしいことだと思います。宗教哲学的には次元が低いと言われてしまうかもしれません。高かろうと低かろうと当の本人が満足しなければ救いじゃないと思います。宗教家が言いたいことを言えて満足しても、相手の方が満足しなければ意味が無いことです。相手の方が神社に来て良かったと思って頂けなければ意味はないのです。これからの我々の活動は本当にその方の内面に、時には土足で入ることが許されるくらい密着していないといけない。氏神様に行って、あの神職さんに相談したい・相談してみたい。氏子の不安や心配を感じて応ずる神職である必要があると思います。

（談―足立正之、聞き手―板井正斉／葛西賢太、二〇一二年三月一六日、日本文化興隆財団にて）

interview ——「ものくさ」を養う、ゆとりをつちかう

櫻井治男

櫻井治男《さくらいはるお》氏
一九四九年京都府生まれ。一九七一年皇學館大学文学部国文学科卒業。一九七三年皇學館大学大学院文学研究科修士課程国文学専攻修了。皇學館大学社会福祉学部教授・社会福祉学部長を歴任。現在、皇學館大学名誉教授。博士（宗教学）。専攻は宗教学、宗教社会学、神社祭祀研究。

神道福祉の理念を簡潔に示す

長谷川匡俊氏は、宗教福祉の枠組みを主体、対象、方法と思想の四領域で説明されています（『宗教福祉論』医歯薬出版、二〇〇二年）。主体とは、サービスを提供する仕組みや人材であり、対象とはサービスの利用者も指すし、福祉に欠けた状況も指します。方法は主体と対象とつなぐもの、福祉教育においては「社会福祉援助技術」という科目名で学ぶ内容となります。

福祉の思想というのは、キリスト教のカリタスや仏教の「慈悲」の精神、すなわち活動を貫く考え方です。神道にはそうした理念・精神を簡潔に示す概念はありますかと聞かれます。さらに、神道系の福祉施設の数や活動の実際がわからない、といった疑問や質問は多いです。キリスト教の聖書や仏教経典の用語が象徴的に福祉理念を示すのに使われるわけ

ですが、神道の場合、私はそうした用語を思い出すことはありません。「お蔭様」とか「お互いさま」というような「人情」に裏打ちされ、口を衝いて出る言葉、それが共有される社会的関係性やもちつたえて来た文化性を、神道の福祉として自覚することではないかと考えています。これらの用語は神道独自のものかと言えば、そうではありません。日常にごく普通に用いられる言葉ですし、神道専用とは言えません。むしろ、そうした表現でわかりあえる関係性を紡いできた文化、社会伝統の維持・継承に神道が果たしてきた役割や価値観を明らかにしたいということなのです。

また、神道のケガレの観念は、福祉の発展を阻害するものではないか、という批判も寄せられるところです。福祉学あるいは社会福祉学の理論面と実践面からすれば、これは理論面、とくに思想面でどう理解するかということです。ケガレとして社会的差別や排除が行われることは承服しがたい問題ですが、その概念が神道の専有観念といえるのかは考究を深める必要があります。世界の諸宗教においてもそうした観念はあります。神道の場合は社会的にどう止揚するか考えてみましょう。

神道の儀式には、「罪穢れ」を祓うという行為があります。祓《はら》えの儀式は、歴史的にも古くから行われてきましたが、穢《けが》れはきわめて危険な状況、罪は社会的、個人的な領域にかかわり、自覚的無自覚的に発生していることを広く含みます。大祓《おおはらい》儀式は、罪穢れはいつまでも人々に負わされているものではなく、儀礼を通していったん無となり、まったく新たなステージから出発できると観念し、定期的に行われます。ここにおいて罪穢れの概念は、課題の自覚であり、束縛にとどまらずそれを解放する手段を伴う、と捉えることが可能です。神道のケガレの概念が福祉の発展を阻害するとのみ指弾することには、このように疑問が付されるでしょう。

神社の資源

神道と福祉の関わりを考えるときに、私は、人・場・ときという観点から捉えようとしてきました。そしてその萃点《すいてん》（集まる点）に神社を置いたときに、神社の有する三つの資源が福祉実践に結び付くと考えています。一つは、神社の「鎮守の森」などともいわれる、自然的環境資源です。二つ目は、祭りをはじめ、それと関連する民俗芸能や遊びなど様々な文化的要素を含めた文化の伝承・創造環境資源、三つ目は、神社を萃点として結ばれる地域の人々の結びつきや絆（神社に奉仕する神職、氏子・崇敬者、諸団体）という、人的・社会的環境資源です（「神道福祉研究の展開に関する一考察――福祉文化と神社神道に関連して」『桑原洋子教授古希論文集　社会福祉の思想と制度・方法』永田文昌堂、二〇〇三年）。

こうした三つの資源は、神社だけに限らず、日本の共同社会では聖域において具体的に現れています。形の整えられた神社だけでなく、境界があいまいだが聖域となっている空間、共同体によって維持され守られて来たカミ・ホトケを祭る空間も、開発や過疎などを越えて、私たちの身近に残っています。自然環境資源としての神社の杜の存在価値は注目されていますし、実際、福祉施設のレクリエーションとしての訪問も増えています。

戦没の英霊を祀る護国神社では、遺族も高齢となられるので、境内のスロープ整備、トイレのバリアフリー化などを進めています。本殿の近くまで車で乗り入れる便利さ、桜の季節などは神社に隣接した公園でお弁当を広げる楽しみ、そしてお参りもできる（広島の事例）。境内地にたくさんの椿の木が植わっており、近隣の福祉施設の利用者の方々がゆっくりと時間を過ごされる（奈良の事例）。いずれも、お手伝いや環境整備のやりがいがあると職員が喜んでおられます。

文化的資源と人的・社会的関係資源として、祭りの意義は大きいと思います。三・一一の東日本大震災は、物心両面で大きな痛手を東北地方に今も与え続けています。にもかかわらず、復興に取り組む過程では、被災地域の方々が、神社の祭礼を求め、獅子舞を舞い、神輿を担ぎ、元気を出される様子に感動します。社殿が流されていても、本殿跡に小さな祠を設置したり、木の標柱を立てたりし、お参りがなされているところもあります。全国の神社へ呼びかけて、現在は使われていない祠を被災地へ届け設置し、氏子の皆さんの参拝を支える活動をする東京の宮司さんもおられます。祠はメモリアルとは異なるのですよ。社殿は流失したかもしれないが、その土地のカミ様は皆さんの心の中にいらっしゃるのでしょうね。亡くなられた方々、離郷を強いられた方々、いろんな思いの方がおられると思いますが、皆が共に在るということを、「神社」というささやかなしつらえは表象できるのです。

三重県南部の東紀州の海辺に、有名な祭り行事があり、お祭りのときにつくったお寿司とお神酒を隣村に届けるのが常だったそうです。実はその隣村は、まったくこの祭礼には関係しない、いわゆる祭祀組織のメンバーではないのです。同じ湾内でもなく、以前だったら徒歩で山越えしなければならない。その村、一番若くて七〇歳代という高齢者ばかりの十数戸の地区で、祭りらしいことは何もないという。「あの鼻（岬）を越えれば人々が住んでいる」、祭り料理だけでも届け、喜んでもらいたいという意識で届けられるというわけです。

祭りのときに、お互いの親戚や知人を呼び合うことは私の経験では昭和四〇（一九六五）年頃までは普通に行われていました。村落の祭礼調査に訪れた調査者も含め、来た人に誰彼なくお酒や料理が振舞われた伝統は、まだ残っています。南伊勢町のある漁村では、秋の神社祭礼のとき、特別調理した魚を神饌として供える、その儀式を見に村中の人たちが集まってくる。高齢者と村の役員は莚《むしろ》を敷いただけの席に座る、他の大人は立ち見席。七五三の子どもたちは晴れ着。儀式が終わると、社務所で皆がお昼を食べ、おさがりを貰って帰るわけです。当番組の人たちが作るお昼は、魚の煮付けとわずかなおかずではあるけれど、大人も子どもも楽しく食べている。聞けば人口は減ってきているとのことですが、それでもこの地区、活気があるという印象を持ちましたね。区長さんも、このムラは皆が仲良しで、事件一つ起こらないと自慢しておられましたが、お祭りのときに日常的なつながりが現れてくるのです。

南方熊楠《みなかたくまぐす》は、明治期の終わりに行われた神社の強制的な合併が、ムラの人々の純朴なつながりを壊すと批判しましたが、祭りでの呼び、呼ばれ合う関係が消え去ると心配したのですね。

「ものくさ」から神道と福祉を考えてみる

少し違った視点から神道と福祉を考えてみましょう。ここでは「ものくさ」、億劫・無精という状態を、再考してみたいと思います。

中世から近世にかけて創作された物語草子群『御伽草子』のなかに『物くさ太郎』という一話があります(日本古典文学大系三八『御伽草子』、岩波書店、一九六七年)。信州・筑摩郡に、「物くさ太郎」と呼ばれる男があり、なにごとをするにも面倒くさがっていたが、都へ上り、やがて高貴な女性を得るなかで、素性が貴種であることが明かされ、郷里へ戻って御所を建て、末長く暮らし、のちに長生の神として祀られるに至ったという、一種のサクセスストーリーです。長野県安曇野市の穂高神社境内には、ものぐさ太郎のモデルとされる信濃中将《しなのちゅうじょう》を相殿神として祀る若宮社が鎮座していて、「延命長寿」「財宝沢山」「幸福自在」「立身出世」の神徳がある、と説明されています。

この物語については、文学、歴史学、民俗学の領域から多様な研究が行われていて、保立道久によれば、主として四つの見解が示されてきたといいます。すなわち、①下人の反抗的性格(「のさ」「怠」)を措定する理解、②善光寺如来の申し子としての太郎の「聖」を中心として理解する立場、③村人に扶養されていた乞食・非人を原像として措定する解釈、④太郎を「道化」あるいは「痴」者と捉える見解です(「ものぐさ太郎から三年寝太郎へ――昔話と中世史」(『国立歴史民俗博物館研究報告』第五四集、一九九三年)。

「物くさ」と居場所

さて、主人公の「物くさ」のほどを少し詳しく見てみましょう。彼は、金銀を金物に打ち付けるなどした立派な家に住みたいと心に思い描きますが、実際は、四本竹を建て、菰で上を覆っただけの粗末な小屋に住み、手足はあかぎれが生じ、蚤・虱だらけで、肱《ひじ》には苔が生えており、風体は無精極まりない状態といいます。それをみかねた「情ある人」が、空腹であろうと愛嬌餅（婚礼後の夜に食べる祝い餅）五個を与えたところ、四つはすぐに食べましたが、残る一つが、往来へ転がり出てしまいます。それを取りに行くのも面倒で、餅を奪おうとする犬烏を竹の竿で追い払っていたところ、三日を経て、そのところの地頭が偶然通りかかりました。餅を取ってくれと頼むが無視された太郎は、地頭に向かって「これほどの物くさである人が、どうしてこの土地を治めることができるのか」とつぶやきます。聞きつけた地頭が馬をとどめ「これが聞きしに勝る人物なのか」と、改めて見やることとなります。

地頭にとっては、自分の領地に生まれたということも、前世の宿縁であり、なんとか命は助かるようにしたいと思い、領内に「此物くさ太郎に、毎日三合飯を二度食はせ、酒を一度飲ますべし。さなからん者は、わが領にはかなふべからず」と書きつけた札をたて周知することとしました。領民は「これぞあはぬは君の仰せかな」、すなわち道理に合わないのは主君の命令だと思いつつ、三年の間扶養することとなりました。たしかに、これまでの研究が教えてくれるように、太郎の姿には主君に対する「ふてぶてしい」態度や、刻苦精励する領民とは対極にある態度もよみとれるでしょう。扶養の理由として、村のために犠牲となる存在を抱えていた中世村落の現実を反映したとの指摘（藤木久志『戦国の作法――村の紛争解決』平凡社、一九八七年）も見逃せません。

そうした一方で、もっと人間存在の根源にかかわる意義、あえて言えば「共に在る」価値の重要性として読むことはできないでしょうか。たとえ「物くさ」者であっても、空間を同じくする場に生活する者たちが、共同社会として支える。人を役に立つ、立たないという観点からだけでは測れないという含み。自らの「物くさ」ゆえに命が危ぶまれた太郎が、長生きをし、やがては神霊として祭られるに至ったという物語のオチは、一種の神社縁起譚ともなっています。

共同体が「扶養」する聖域

役に立たない存在の居場所をも根源的に用意している、この共同社会の成員とカミ・ホトケとの関わりを、あらためて読み直してみましょう。

日本の伝統的な共同体では、カミやホトケが地域の人々によって「扶養」されていた。このように表現すると、神仏への敬虔さに乏しいとの批判を受けるかもしれません。伝統的な共同体をムラと表現すれば、ムラのカミは氏神と称され、共同体を守護する存在として祀られます。一方「ご先祖」としてのホトケの場合は、子々孫々からの尊崇を受け、家々の繁栄を保障する役割を担う聖なる存在として信仰の対象となっています。カミやホトケの居在する聖所・聖域へは人々が折りにふれ訪れ、清掃をし、花や供物をそなえます。その空間が神社・社祠・鎮守の杜、お寺・お堂と称されるところです。

ここで、カミやホトケが、具体的に何らかのアクションを起こし、社会のために、人々のために働いてくれるかどうかが問題ではありません。聖なる存在が、信心・信仰という形のなかに立ち現れたり、場合によっては天変地異、祟り、神異として人間に迫ったりするのを、人間の側がどう受け止めるかが問われているのです。共同社会がカミを祀るという行為を、経済的な互恵関係のようなモデルではなく、人の一方的な「扶養」というかかわりかたとして捉えたらどう見えるでしょうか。

今日的には、旧来の共同社会が崩れたり、社会のゆらぎのテンポが速まったりして、人々の意識が変化しています。カミ・ホトケへの関わり方も変化し、何のために、なぜ「扶養」が必要なのかという疑義が持たれることも多くなっています。公共事業のために、路傍の地蔵がいつのまにか取り除かれたり、社寺の境内地が削減されたりすることも往々に起こっています。カミ・ホトケの居場所は狭められ、場合によってはなくなっている。それは、同時に人間の居場所である共同社会もなくなってきているのではないでしょうか。

誰でもの福祉と福祉の専門性の狭間で
――神道福祉の立ち位置

昼夜を分かたずに忙しく生きる私たちにとって、「ものくさ」の価値・「ものくさ」を扶養するような余裕をどこかで思い起こす必要があるのではないでしょうか。こうした観点は、たとえば、ケアの課題についても関わってくるように思います。ケアの効率はもちろん重要で、そのために専門的なスキルは高めねばなりません。その一方で、「ものくさ」を養う、ゆっくりした時間をみずからつくりだす価値が必要なのかも知れません。これらの異なる価値を繋ぐところに、神道福祉の立ち位置があるように思います。

(聞き手――板井正斉、二〇一二年九月三日、皇學館大学にて)

III

鼎談——心のケアと魂のケア

安藤泰至×窪寺俊之×深谷美枝

ケアの担い手は、橋を架け、絆を深めていくソーシャル・キャピタルでもあります。医療、福祉、宗教の三分野がどのように共働していけるか、どうすれば持続可能かつ健全なケアが展開できるか、その課題を、三人の専門家に話し合っていただきました。

安藤泰至《あんどうやすのり》氏

一九六一年生まれ。京都大学大学院文学研究科博士後期課程中退。鳥取大学医学部准教授。宗教学・生命倫理・死生学。主な編著・共著として『安楽死・尊厳死を語る前に知っておきたいこと』（岩波書店、二〇一九年）、『シリーズ生命倫理学第4巻終末期医療』（丸善出版、二〇一二年）、『「いのちの思想」を掘り起こす』（岩波書店、二〇一一年）など。

窪寺俊之《くぼてらとしゆき》氏

一九三九年生まれ。エモリー大学神学部などに学ぶ。博士（人間科学）。淀川キリスト教病院チャプレン、関西学院大学神学部教授、聖学院大学大学院教授を経て、現在、兵庫大学大学院特任教授。スピリチュアルケア学・死生学。主な著書『スピリチュアルケア入門』（三輪書店、二〇〇〇年）、『スピリチュアルケア学序説』（三輪書店、二〇〇八年）など。

深谷美枝《ふかやみえ》氏

一九六一年生まれ。上智大学大学院文学研究科（社会福祉学）博士課程単位取得修了。明治学院大学社会学部社会福祉学科教授、牧師。ソーシャルワーク・ソーシャルワーク教育・スピリチュアルケア。主な共著・編著として『病院チャプレンによるスピリチュアルケア』（三輪書店、二〇一一年）、『福祉・介護におけるスピリチュアルケア』（中央法規、二〇〇八年）など。

1　ケア現場での宗教者をめぐる現状

モデルケースとしての窪寺チャプレン

葛西――今回の鼎談では①ケア現場での宗教者をめぐる現状、②ケア現場での宗教者をめぐる課題、③ケアの担い手が宗教者であることの強みと弱み、④宗教的なケアの専門家という制度を問い直すという四つのトピックを用意しておりますけども、最初に①の宗教者の現状について話したいと思います。話が総花的に拡散するのを抑えるため、鼎談の中ではチャプレンをモデルに設定して、そこからお話を展開していただきたい。

窪寺先生は日本のチャプレンの草分け的、日本のホスピスの始まりの一つである淀川キリスト教病院で長く関わって取り組んでこられました。チャプレンという資格、制度、現状の課題や将来の見通しについて、歴史的な経緯やご自身のたどられた道筋も含めて、分かち合っていただけますか。

チャプレンを目指すきっかけ

窪寺――チャプレンとは、病院付き牧師とか、軍属のチャプレンとか、あるいは刑務所、大学にあって牧師の資格をもってケアをする人たちのことです。日本ではそういう制度はないので、私はアメリカで学びました。

大学を卒業して、大学院の修士課程にいるとき、臨床心理を学びました。とくに受容と傾聴を重視した心理療法家であるカール・ロジャーズの影響を受けました。あるとき児童相談所の仕事で多動の子どもさんとお母さんとを面接したのですが、子どもさんはさっそく飛び出してしまった。お母さんは「先生、どうしてこういう子供を自分たちはもたなければならなかったのでしょうか。この子がいるから私たちは普通の生活ができないんです」とおっしゃいました。普通の生活、たとえばレストランへ行って食事をするとか、喫茶店に行くとか外泊したりするとかいったことが困難だとおっしゃいました。お母さんの問いへの答えは、臨床心理からは出てきませんでした。「なぜ人間が苦しみを背負っていかなければならないか」「なぜ人間は平等ではないのか」あるいは「なぜ苦しみが避けられないのか」、これは心理学の中では答えられない、宗教の問題だと思ったのです。

私はすでにクリスチャンでしたから、神学校へ行く決心をしまして、二九歳の一九六八年に、アメリカ・アトランタ市のエモリー大学の神学校に行きました。そこには三年間の教育プログラムがありまして、私は神学修士号（Master of Divinity）をとりました。卒業後、臨床牧会教育（Clinical Pastoral Education）というプログラムがありましたので、バージニア州のリッチモンド記念病院で一年間訓練を受け、チャプレンになるためのコースを修了しました。

アメリカでチャプレンになるためには、四年制大学を終え、また三年間の神学校を経て牧師の資格をとります。その上にさらに一年間のチャプレンの訓練を積むという形になっております。さらにスーパーバイザーになるためには、プラス三年から四年くらい訓練をうけます。スーパーバイザーの資格を取ると、病院で訓練をする資格を得たことになります。アメリカではチャプレンはしっかりした身分保障がなされているのです。

セカンドキャリアとしての牧師――社会問題に目を向ける

窪寺――アメリカではセカンドキャリアで牧師になる人が多いのも特徴的です。三〇代・四〇代で豊かな社会経験を積んでから神学校に入れば、教会でのいろんな課題に対応できますから、需要もあるのです。私が一九六八年に留学した当時は、ベトナム戦争からの帰還兵がたくさん神学校におりました。彼らは、いうなればリハビリに来ているわけで、目が虚ろでしたよ。戦争の中で人を殺し自らの生命も危険にさらして自分を失い、自分探しに神学校に来る帰還兵が多くいました。学問に重きを置く大学でしたが、それでも人心のケアという課題も、学問に劣らず重要だった。

当時のアメリカ南部では、黒人差別からの解放

窪寺俊之氏

を説く公民権運動が盛んで、キング牧師が刺殺された頃。キング牧師の教会ではシンプルな説教と熱いゴスペル音楽が盛んでした。また、黒人の背負う苦悩や不条理へのケアが神学のテーマとなっていました。ヨーロッパ的論理性とか感性ではなく、ジェームス・コーン（James Cone）の黒人神学（Black Theology）のような、黒人の生活から生まれてくる神学に衝撃を受けたのです。

神学の論理を探求すると同時に、人間にどう寄り添うか、人間が人間として生きられるための関わり合い方、それが可能になるような社会のあり方・作り方は、わたし自身の課題でもあり、アメリカ南部における当時の神学校の重要なテーマでもあったと思います。そうしたチャプレン文化の広がりの中で学んだ後、帰国して、淀川キリスト教病院での「働き」や、大学で教育をする場を与えられました。

現在の私の課題は、アメリカでのチャプレン制度のようなものを、日本にも作ることです。そのためには、医療、福祉、教育のそれぞれのなかに、スピリチュアルケアや宗教的ケアを認める文化が必要なのではないか。人間は誰しも、愛する者との別離や老いや死に直面させられます。そのような現実に直面したとき、自分に失望するのではなく、チャプレンに手伝ってもらって受け止める。そうしたことができる制度を作りたい。

板井――窪寺先生が日本で開拓されたチャプレンの枠組み・想いを、現場で引き継がれているおひとりが深谷先生だと思いますが、日本国内での現状はいかがですか。

日本におけるチャプレン制度

日本で活動しているチャプレンは多くない

深谷――日本でチャプレンという肩書きをもつ方は、おそらく二〇人超ぐらいしかいらっしゃらない。フルタイム雇用で働いているチャプレンはもっと少ないと思います。カテゴリー分けをすると、①窪寺先生のように、海外で臨床牧会訓練を受けてきた方々が三分の一、②関西学院や同志社の神学部を出て、当初の関心は臨床ではなかったとしても、OJT（On the Job Training―現場での研修）のようなかたちでそのままチャプレンになった方、③今までは牧師として養成された人がいたポジションに後継者がおらず、看護職とか、事務を手伝う一般信徒などが、チャプレンという肩書きでボランティアをしている例などが、挙げられるでしょう。

窪寺――また、④医療者がスピリチュアルケアの役割も果たしている場合、⑤病院が地域の宗教者をボランティアとして取り込んでいる場合もあります。これらは、本書のテーマでもあるソーシャル・キャピタル（社会関係資本）のひとつといえますね。九州の栄光病院や、大阪の淀川キリスト教病院などは、積極的に地域とネットワークをつくって活動しています。

板井――活動しているところもあるとはいえ、日本ではチャプレンを資格・制度として成り立たせていく動きはこれからなのですね。スピリチュアルケアワーカーという資格もありますね。

深谷美枝氏

資格認定の動きは宗派によりまちまち

深谷――日本スピリチュアルケア学会（http://www.spiritual-care.jp/）では、スピリチュアルケアの担い手を認定する資格を出そうと動いています。養成教育をしている団体がすでに全国にいくつもあるのです。

コアになるものを定めるためには宗教の時間が何時間、臨床の訓練が何時間というふうに、カリキュラムの時間数が重要になるわけです。しかし、宗教系の団体の直営あるいは組織内で、仏教なりキリスト教なりの宗教者を事務局にも指導者にも据えるところがある一方で、臨床心理色の強い団体もある。これからその時間配分を確認しながら制度として詰めていくことになるわけですね。

ボランティア主体の動きもある

深谷――私はウァルデマール・キッペス神父の、臨床パストラル教育研究センター（http://pastoralcare.jp/）の継続した取り組みに注目しています。現在、神父さんとかシスターは恒常的に不足していて、教会にも足りないぐらいなので、多くの福祉施設や病院はチャプレンを配置することができません。こうした状況を埋めるために、キッペス先生は関心のある信徒の方に精力的な講習会をなさって臨床パストラルケアワーカーに養成し、資格を満たした方をカトリックの病院につなげることを継続的になさっているのです。この取り組みの甲斐あって、全国のカトリックの病院で臨床パストラルケアワーカーがいらっしゃるところが多いです。

窪寺――カトリックの病院は多くの人に、神学教育をし、定期的に講習をし、スーパーヴィジョンをしていますから、裾野が広いですね。

深谷――ワーカーはカトリックの信徒さんがほとんどで、当然カトリック色がかなり強いわけですが、信徒さんの間にしっかりしたスピリチュアルケア、パストラルケアを拡げたという意味ではすごいと思いますね。

資格を統一する動き――日本スピリチュアルケア学会

板井――ここで国内のチャプレンの活動をまとめてみましょう。各教団の現状・課題をうけて、チャプレンとしての専門的な教育を受けた方たちもチャプレン活動だけに集中できない現状がある。それで、現場に従事できるチャプレンは不足している。しかし、それを補完するため、養成に取り組む団体がいくつかあると。

深谷――そしていろんな団体が独自に取り組んできたものを日本スピリチュアルケア学会がまとめ、統一した資格を作っていこうとしているわけです。

板井――学会が認定している団体（認定プログラム）はいくつぐらいありますか？

窪寺――私が知っているのは五、六です。

板井――そこでは、狭義のキリスト教のチャプレンというよりは、スピリチュアルケアという少し幅の広い目的で養成がなされているわけですね。人数としてはどのくらいいるのでしょうか？

窪寺――学会の認定を受けてスピリチュアルケアや宗教的なケアに現在関わっている方は、専門職であるスピリチュアルケアワーカーも含めて、日本全体でたぶん五〇人くらいではないでしょうか。

葛西――思ったよりかなり少ないですね。その五〇人は制度確立の過程を担う段階にあるんでしょうね。

宗派性とチャプレン

教団の枠をどう相対化するか

深谷――この制度確立には、教団・教派の枠が強くかかわってきます。どこかの神学校を出て、ひととおり神学課程を終えている人に対しては、公募して、広く人材を求めてもいいだろうと思うのですが、なかなかそういうふうにならないですね。

板井――仏教系なども含めた他の教団の反応はどうでしょうか？　興味関心をもって連携しよう

表１　「臨床宗教師」に類する職名

職名（人数）	概要
チャプレン（推定約30～40名）	病院付きの聖職者（広義では、学校や施設付きの聖職者）。米国ではCPE（臨床牧会教育）が整備されているが、日本に資格制度はない。日本では、米国でCPEを受けた者、日本の大学院神学部で「臨床牧会実習」を履修した者など様々。
パストラルケアワーカー（上記に含む）	チャプレンとほぼ同義で、カトリック系の病院や施設で用いられることが多い。「パストラルケアワーカー」という資格制度はないが、「臨床パストラルケア・ワーカー（表２参照）」はある。
ビハーラ僧（推定５名程度）	仏教を背景とするターミナルケア施設でケアに携わる僧侶。浄土真宗本願寺派などがビハーラ活動者養成講座を実施しているが、「ビハーラ僧」という資格制度はない。
臨床僧（養成中）	患者とその家族に寄り添い、喜びと悲しみを共有する僧侶。「臨床僧の会サーラ」でホームヘルパーなどの資格取得を最低要件として養成中だが、資格制度はない。

出典：藤山みどり「臨床宗教師」資格制度の可能性を探る～「臨床宗教師」をめぐる考察後編～」宗教情報センターウェブサイト、2012年6月7日より。

表２　「臨床宗教師」に類する資格

資格名・創設期	認定要件ほか	認定者・人数
臨床パストラル・カウンセラー（1998）	・ＮＰＯ法人臨床パストラル教育研究センターが主催する研修（約40日間）、哲学・神学講座（120時間以上）の受講に加え、患者訪問記録の提出など ＊受講資格は近親者との死別後半年以上、精神疾病治療中でないこと ＊５年ごとに資格更新	・日本パストラルケア・カウンセリング協会 ・資格認定者（臨床パストラルケア・ワーカー含む）85名（2009年度）
心の相談員（講習開始2002）	・心の相談員養成講習会（２年間）を修了すること ＊受講資格は高卒以上、「自利利他」「共利群生」という研修理念の理解者	・高野山真言宗 ・不明（総受講者数約280名／2011年度）
スピリチュアルケアワーカー（SCW）（1級、2級、3級）（認定開始2008）	・ＳＣＷ養成講習会（２年間）を修了後、１年以上の実務経験を経て、資格試験に合格すること ＊受講資格は、①医師、看護師など（受講中の「心の相談員養成講習会」１年間受講が条件）、②「心の相談員養成講習会」修了者	・ＮＰＯ法人日本スピリチュアルケアワーカー協会 ・１級６人、３級16人、功労３級１人（2012年）
大本山清浄華院認定心理カウンセラー（2009）	・所定の条件を満たす浄山カウンセリング研究会（2011年会員数103名）の会員。 ＊前提条件は、浄土宗の宗教師・寺族・壇信徒など	・浄土宗大本山清浄華院 ・15人（2009年）

出典：同上。

かといったことがあるのでしょうか。

窪寺——教団の視点に立てば、もちろん興味はあると思います。既成の教団は行き詰まりを感じていて、活性化したいと考えている。スピリチュアルケアのように、ケアという視点からもう一回宗教を見直すことが再活性化につながるのではないかという期待はあると思うんです。ただ、スピリチュアルケアとか宗教的なケアというのは、だいたい教団のミッション（伝道団）をそれぞれ起源としています。たとえば淀川キリスト教病院も、九州の栄光病院も、四国のベテルも、仏教のビハーラも、一つの価値観を重視するミッションが支えている。だからたとえば、キリスト教病院で仏教のチャプレンを雇おうかというのは無理ということになります。

深谷——教団を超えて専門職を雇うのは実際難しいですね。もっと発想を柔軟にしていくことで、可能性を開いていくことができないものでしょうか。

窪寺——現状ではやはりミッションの流れにつながる人々から、選びたいと思っているのだと思います。

アメリカのケアは、ミッションの枠を超えていくと自覚

窪寺——ここで確認しておきたいのは、アメリカでのチャプレンの位置についてです。アメリカでは、チャプレンにステータス（社会的認知と地位）が与えられていて、彼らは特定宗教のミッションだけを背負っているのではないという自負をもっています。ですから、仏教系の人がキ

リスト教系の施設で奉職することも可能なのです。私が訓練を受けたリッチモンド記念病院というのは市立のホスピタルで、どんな宗教的背景の人でもケアゾーンを担うという、スピリチュアルケアをなさる方のステータスと責任とが確立されている。社会が最初からそのように認めており、チャプレンもそれに応える仕事をするところがあると思うんですよね。

深谷――石を投げれば牧師にあたるぐらいに牧師の人数が多いアメリカのような国で、チャプレンは専門職種として位置づけられています。チャプレンという専門職種を志望する方が自然と入ってくるから、伝道にこだわらなくてもいいわけですよ。ですが、日本では、神学生は伝道を志して牧師になっていく場合というのが多いと思います。

宣教には、社会貢献と伝道の両面が本来含まれています。けれども、日本社会ではキリスト教はマイノリティですから、そのことが伝道や宗派へのこだわりになり、他宗教の方を採用しにくいという距離感につながっている一面もあるのではないかと思います。

個人レベルでは宗派交流はあるけれど、組織としては共働しにくい

板井――キリスト教のチャプレンから刺激されて、一九八〇年代後半から九〇年代の前半にかけて、仏教でも、ビハーラの理念やそれに基づく施設（長岡西病院など）が登場してきた。共通の課題をもっているともいえるわけですが、キリスト教徒の立場あるいはチャプレンの立場から見ると、彼らの姿はどんなふうに見えているんでしょうか？

窪寺——ビハーラ僧、たとえば谷山洋三さん（現・東北大学准教授）などと私は親しく交流しています。いちチャプレンとしての私は問題なくお付き合いできるわけです。ただ組織の中で、たとえば私がキリスト教病院に、仏教の人をチャプレンとして招聘できるかというとなかなか難しいように思います。それはチャプレンを置く組織が宗教性・宗教色をどのくらい出すかという問題にかかわってくると思うんです。板井先生が属されている神道系の学校でも、福祉教育の中ではあまり宗教色を出さないでしょう。宗教色を出してもいいし、宗教的資源を学生さんに供給してあげるという選択もあるのだけれども、そうすると今度は彼らの就職先が限定されることになるかもしれない、今の日本では。そうすると、スピリチュアルケアという語でお茶を濁している、という批判を甘んじて受けるしかない面もあると思うんですね。良くも悪くも。

宗派性を伏せる例、明示する例

板井——病院にしろ、社会福祉施設にしろ、大学にしろ、法人格をもった組織は、信仰に基づいたミッションが背景にあっても、それを前面には押し出しづらいということはありますよね。たとえば法人の定款の中に「仏教保育をします」とはなかなか書きづらい部分もあると思うのですが。

窪寺——それが、淀川キリスト病院ではとてもはっきりしているんですね。患者さんの見えるところに「からだとこころとたましいが一体である人間にキリストの愛をもって仕える医療」という創立理念が書いてある。最初からキリスト教でやると宣言しています。自分たちの背後にミッションがあり、それによって作られた病院だし、その精神を継承することが自分たちのアイデンティティだと思っているから、働く人たちに強さと誇りを与えている。淀川キリスト病院は成功例だと思います。たとえば今回病院を移転したのですが、計画を聞かれた地域の人たちが心配して、行かないでほしいと署名活動をしたぐらいなんです。ただ、病院によってはそれが地域でどう受け取られるかは違ってくるでしょうね。

深谷――キリスト教系病院であると患者さんが知っていて選んで受診する病院と、地域医療を担っているから選択の余地がなくて、キリスト教系病院だけれど来ている病院と、二通りあるわけですね。

葛西――安藤さん、ここまでのお話を受けてどうですか？

医療者の理解するスピリチュアリティ

日本の医療者はチャプレンという概念を知らない

安藤――私自身はチャプレンでもないし、医療従事者でもないので、こういう問題に自分がもし実際に関わるとすれば、患者のようなケアの受け手としてしかありえません。けれども、医学部に勤めていますので、医師や看護師、学生さんと接する機会があり、とくに看護師さんとは卒後の職能研修などでも関わらせていただいています。そうした方々とお話しする機会も多いのですけど、チャプレンという言葉すら知らない人がけっこういます。「アメリカでは病院とか軍隊にチャプレンという人がいて、患者がカトリックやプロテスタント、ユダヤ教の人などを選べることもあるんだよ」という話をしても、「へぇー、そうなんですか」といった反応がほとんどです。

ところが、看護領域ではスピリチュアリティ、スピリチュアルケア、スピリチュアルペインといった言葉はとても認知度が高いです。二〇〇〇年ぐらいからだと思いますが、とくに終末期医療の分野では広く認知されていて、それに関する論文も多くなっています。

ただしその実質を見ると、日本の場合は癖があると思うんですね。というのは英語圏では、スピリチュアルケアと宗教的ケアというのは、区別はされているけれども重なりが大きい。ところが、日本の場合は宗教色を出しちゃうとよくないと思われているのか、とくに医療者のスピリチュアルケア言説では「これは宗教的ケアとは違うんです」と過度に強調しているようなところがあります。また、スピリチュアリティというものがもっている多様な側面の中でも、人生の意味や価値、目的を考えるといった実存的、哲学的な側面だけが強調されている。けれども、超越者との関わりとか人間を超えた存在への信念とかいった、宗教とかぶるような要素はあまり表《おもて》に出されない。そういう傾向があると思うんですね。

医療化されるスピリチュアルケア

安藤――スピリチュアルケアについての日本の医療者の言説で目につくのは、「スピリチュアルケアは宗教家だけではなくて、看護師でも医師でもできるんだ。医療者だけでもできるんだ」というものです。日本では宗教の存在感が薄いという原因はあるのでしょうが、スピリチュアルケアが「医療化」されているんです。ところが、医療者による事例報告で出てきたものを見ると、果たしてこれがスピリチュアルケアなのかとクエスチョンマークが付くものが、私が見ている限りすごく多いですね。苦しみの根拠への問いに臨床心理学は応えられないというお話を窪寺先生がされましたが、医療者の知識や技術では応えられないものもあるという意識が欠けている。死にゆく患者と実際に関わっているのは自分たちなので、自分たちだけでケアしなければならないとか、実際にケアできるんだとかという思い込みが、日本の医療者には強いように思います。

安藤泰至氏

医療者教育とマニュアル化の弊害

安藤――その原因は医療者が受けて来た教育にさかのぼると思います。困った事態が患者さんに起こっていたときに、それをどう解決していくか。まず問題を同定して、これはどういう問題なのか、それに対するどういう介入が適切なのかをマニュアル化した知識の体系がある。こういうときはまずこの検査をやりなさい、この検査でこういう結果が出たらこの治療を試しなさい、それで効果が出なかったら次はこれを試しなさい、と問題を分類して介入していく。たとえば看護であれば「看護過程」と呼ばれる仕組みがある。それ自体はもちろん漏れをなくし手早く治療方針を決めて対処するために必要なのですが、人生の生老病死そのものがそういう形で捉えられるわけではありません。にもかかわらず、生老病死を医療の枠組みで対処できる形に還元して考える傾向が非常に強いのです。それが自覚されずして身につく仕組みが医療教育の中にある。そうした還元主義を「隠れたカリキュラム（hidden curriculum）」というんですけれど。

そういう教育を受けて来た人たちが「スピリチュアルケアを自分たちがやります」と言ったときに、名前だけで体をなしていないという危険性がある。後述しますが、個々の医療者がスピリチュアルなケアをやっていらっしゃらないかというとそうではないのです。ところが、「スピリチュアルケアとは」「スピリチュアルペインとは」などと問題を立てたり、定義をしたりすると、この隠れたカリキュラムがずれとなって出てくる。

宗教者が医療者の実践に関わるとしたらどんな形だろうか。それは現場に参上して関わるというだけではなくて、たとえば、チャプレンが大学などの医療者教育の場に教えに行くとか、看護の研修会みたいなところに行って話をしたりするのもよいでしょう。そうすると、一生懸命な医療者が、自分たちが現場でやっている気づかいは、実はスピリチュアルケアであったと気づく機会が与えられる。そうすると宗教者が病院に受け入れられやすい土壌ができていくかもしれませんね。

今の日本人の大半は「自分は無宗教」だと思っているし、オウム真理教事件以降、宗教という言葉のイメージが非常に悪くなっている。チャプレンの沼野尚美さん（六甲病院）によれば、一九九五年以前は「心のケアを担当する者です」と自己紹介すると、患者さんは「私は精神病じゃないからそんなものは要りません」と言われたらしいです。むしろ「宗教的なケアを担当する者です」と言ったほうが、「じゃあちょっと話を聞いてください」となっていた。ところが一九九五年以後、それが一八〇度変わっちゃったって言うんですね。一九九五年はオウム真理教事件とともに阪神・淡路大震災が起きた年でもありますが、この年以降は「心のケア」という言葉が人口に膾炙して、「心のケア」と言えばさっと受け入れられるようになった。逆に宗教と言うと、怖いというイメージで取られるようになったと。医療者が自分たち流のスピリチュアルケアを標榜する背景には、こんなこともあると思います。

2　ケア現場での宗教者をめぐる課題

ケア専門家の専門性とは何か

志あるアマチュアのもつ人生経験

板井――ここまで話題になった教育や資格のことを、専門性とアマチュア性の対比として、お三方にあらためておうかがいしたい。医療者個々人としてはスピリチュアルケアができていないわけではかならずしもない、という安藤先生の指摘を、福祉の現場に広げてお尋ねします。

社会福祉士、介護福祉士などの国家資格をもった卒後すぐの学生よりも、パートの女性のほうが利用者のニーズを満たすことがしばしばある。アマチュアのはずの「パートのおばちゃん」がもっている人間的な魅力のひとつに、スピリチュアルケアなども含まれているのだとすれば、人生経験や一般的な実務経験・社会経験というのも一つの専門性といえるのでしょうか？「パートのおばちゃん」が特定の信仰をもっているとなると話は複雑になりますが、それも含めて、とにかくケアワーカーとしての専門資格ははずして考えることにします。そうするとスピリチュアルケアが果たして専門として確立できるものなのか、そうでないものなのかが見えてくる気がします。

専門職とボランティアの共働

窪寺——私はカテゴリーに分ける必要があると思っています。専門的な教育をしっかり受け、資格をもつ人は必要です。それはスピリチュアルケアのコアを担う人たちになるでしょう。

医療においても、お医者さんや看護師さんが医療チームをなす。そこにソーシャルワーカーが加わり、さらにボランティアも加わる。チームに加わる人たちは、医療者と一緒に仕事ができてその患者さんの福祉に貢献できる人で、医療チームとのネットワークを作り上げる方でなくてはならないでしょう。ボランティアとして参加する人は医療面での「責任」は負わないかもしれない。だけど人生体験があって、「そうよね、苦しいよね、先生は聞いてくれないけどね」と言ってその人の味方になる。そういう、三つくらいのカテゴリーに分けたらいいんじゃないかと。

ボランティアたちは、自分は専門職ではないことをある程度意識することが必要だと思うんですよ。お医者さんや看護師さんやチャプレンのような仕事はできません。

罪責感のケアには深い宗教性が必要

窪寺——ケアの現場では宗教的な問題、たとえば罪責感の問題などが出てきますよ。看護師さんやお医者さんがそれを手当てできるか。私は無理だと思う。専門のチャプレンがどうしても必要だと思います。それぞれのカテゴリーの人が、自分のスピリチュアルケアの中で力を尽くし、

板井正斉

ネットワークで連携するということだと思うんです。チャプレンにもできないことがありますよね。そして、連携の隙間を埋める役割では人生経験とか社会経験とかが生きるでしょう。それを「ボランティアさん」に頼んで、関わってもらうことで助けになりますね。

深谷——チャプレンへのインタビュー調査の中でも、みなさんがおっしゃるのは、スピリチュアルケアはチャプレンだけがするものではないということです。ホスピスボランティアのおじちゃんおばちゃんたちが担ってくれる部分と、看護師さんが担ってくれる部分がある。家族も大切な担い手になってくれますよね。

課題として大きいのは、窪寺先生がおっしゃった罪責感ですよね。自分は亡くなった母親にこんなことをしてしまったとか、自分は赦《ゆる》されるはずはないから地獄に行くのだろう、などということをポロっと言われることがある。罪責感として語られる中身はしばしば主観的なもので、他人から見たらそんなこと気にしなくてもよいと思われることも、償うことができない遠い過去の出来事に起因していることもある。しかし当人は切実な罪責感をもっている。「あなた地獄になんか行きませんよ」「そんなこと、過ぎたこと気にしても」とクリスチャンの看護師さんが言ってもだめなんですよね。チャプレンが「大丈夫ですよ」と言ってくれると初めて安心できる。宗教的なシンボルの機能ですよね。そこのところはチャプレンでないと担えない部分ですよね。

窪寺――それは今回のソーシャル・キャピタルにもつながる部分だと思う。宗教や宗派のいずれかも宗教の有無も問われない現代日本のように、罪責感をあまりもたなくなったような文化の中でも、死が訪れたときにはそれを意識せざるを得ない。私自身がクリスチャンだからとくにそう意識するのかもしれないけども、赦されるという体験、何らかの自己受容できる体験が、必要ではないかと思っています。チャプレンはある意味では神の代理人としてそこに立つんだと思います。

神父や牧師や僧侶は、それまでの自分を捨てたところで、新たな権威、新たな力をになうことになる。チャプレンになるのには神父や牧師や僧侶でなければなりません。だから患者は、宗教者であることが前提とならない臨床心理士や福祉専門職とは違う特別な人間としての役割を、チャプレンに期待するんだと思います。そのような意味で、人の罪責感を解決することに宗教の本質の一つがあるのかもしれない。

人生経験の豊かさの過小評価

板井――福祉職は誰でもできることをやっているじゃないか、福祉職の専門性を疑問視するような認識が、医療職の中に残っている雰囲気を感じることがあります。けれども、死に関わるような課題は、専門的な対応が求められている一方で、人生経験豊かなおばちゃんが普遍的に答えられるようなところもあり、その辺が複雑に交差しているということがあるのでしょうか。スピリチュアルケアが誰にでもなしうるものなのか専門的なものなのか、窪寺先生のいわれる三つのカテゴリーも一つの見方となりながらも、それで全て分類できるという単純なことではないということですね。

宗教者の関わり方ということになると、ボランティア的なかかわり方と、チャプレンのようなスピリチュアリティに専門特化した関わり方の両方とも大事ということになりますね。

窪寺——私は、トータルで関わればいいのではないかって思います。問題が発生したときに応えられるように、固定化せずに自由に問題提起できる方が健全なのではないかと。チャプレンの人間性がそこで問われてくると思いますね。

板井——医療者が患者のもつ罪責感のようなものに応えるようなプログラムは、今のところあるのでしょうか、安藤先生。

専門分化の弊害

痛む人と治す人の分離、人を見ない医学

安藤——福祉は専門外で分からないのですが、日本の医療というのは閉鎖性が強いと思います。病院主導型のホスピスや緩和ケア病棟では、医師、看護師と、コメディカル、ソーシャルワーカーとか宗教者などの他の専門職のあいだの垣根が低い。一方、大半の人は一般の病院の一般病棟で亡くなるわけですが、そういうところでは垣根が高い傾向があるようです。医療者だけでスピリチュアルケアが全部できるんだ、みたいな言説が生まれてくる背景には、物理的な垣根も心理的な垣根もあるし、ネットワークがどこかで途切れてしまっているという教育制度の問題もある。

先ほどのような医療者の教育の特性にからめて言うと、肉体的な痛みを薬で取るときに、薬を処方する側の人は同じ痛みをもっている必要性はまったくないわけですよね。ところがスピリチュアルペインっていうのは、ケアをする側の人が同じところに痛みをもっていないとそもそもケアできないのではないか。「私治す人、あなた病む人」と二分するわけにはいかず、医療者が受けてきた教育と真っ向から対立するところがある。

ただ、その場合にも医師と看護師はずいぶん違うという印象があります。「病気を見ずして病人を診よ」などと壁に貼ってあったりするのは、近代医学が基本的に病気ばかり見てきて病

人を診てこなかったことの裏返しですね。レントゲン写真とか数字のデータだけを見て患者さんを見ないで話をする医師も多いわけですよね。

一方、看護師の場合は患者さんの生活を見る（とくに入院患者さん）という点で、視線自体がまったく違っている。だから、病院内にチャプレンのような人がいない場合、患者さんは、この人だったら聞いてくれるんじゃないかっていう、言いやすそうな特定の看護師さんに相談をする。

だからスピリチュアルペインの例について講演で話をすると「私にもこういう経験があります」と看護師には受け入れられやすい。これが医師の場合、「そんなこと患者から話されたことがないよ」という人が多い。冷静に考えれば、ささーっと忙しそうにしていて、毎日病室に来るわけでもない医師に話さないのは自然なことですよね。

医師、看護師、そして福祉職という現場での上下意識

板井――現場では、医師と看護師との主従関係があり、福祉職はさらにその下に位置づけられるような上下意識があるようにも聞いています。ただメディカルソーシャルワーカー（ＭＳＷ）は福祉職の中で専門性を高く見られており、社会福祉士の関係学会に行くと、シンポジウムなどでＭＳＷの発言には耳を傾けるし、みんな憧れの目で見ているような印象がある。ところが医療関係のシンポジウムに行くと、同じＭＳＷが小さく映るんです。病院でも同様で、解決が

困難な社会的課題が全てＭＳＷに投げられて、結局バーンアウトしていく悪いパターンを繰り返していく場合もあると聞きます。専門職としての扱いもそれほど十分ではない面がある。このあたりの関係性は宗教者の立ち位置を考える上でも参考になるのではと考えますが、社会福祉士の養成にも関わられている深谷先生、いかがですか。

深谷――ＭＳＷは病院医療の中では一端ですが、福祉の中では医療職に近いですからね。医療の後光を背中に負えるところがある。職能団体も強いですよね。そのメリットは大きくて、一般社会福祉の人たちは職能団体さえなく、研修やスーパーヴィジョンがなりたたないところも多い。

宗教的ケア提供者の適正人数

板井――医療、看護、福祉職を巡る、強固な上下意識を根底から覆して、そこに宗教者の役割を新たに根付かせていくというのはとてもむずかしい。その場合、努力目標をどのへんにおいたらよいでしょうか。

比較の例として、ＭＳＷは全国に一万人以上います。ここから学んで、チャプレンのような専門職宗教者の役割と最適値といったことを考えると、全国で二〇名もいないというような現状はどう受け止めるべきか？　少ないからもっと増やすべきという話なのか、それとも実は最適値にすでに達して安定しているのか？　いかがでしょうか？

深谷――福祉の分野に限定してお話しすると、キリスト教系の高齢者施設は多いんです。でもチャプレンに相当する担当者の置かれているところはおそらく九〇名規模くらいの施設で、名称もチャプレンではないものも多い。園長・施設長がチャプレンを兼ねているとか、救世軍の士官（社会事業を宗教活動の中核に置くキリスト教団体。士官は、神学校を卒業して伝道者の資格を持つ人にあたる）という形で牧師資格をもっているなどです。キリスト教系の高齢者施設ですから、サービスやケアの提供にあたりキリスト教色をきちんと出していきたいにもかかわらず、宗教職の人が誰もいないという現状があるのです。これを改善するとしたら、相談員としてチャプレンを兼ねられるような職員をおいていく、その人たちがスピリチュアルケアワーカー資格をもつ、という形でポテンシャルを上げていくことはできるかもしれない。

資格の上に資格を載せるかたちで、「スピリチュアルケアワーカー資格をもっています」と応募側はアピールし、施設の側はサービスやケアの特徴を出していく戦略にあてはめていくことができる。

板井――病院だと事情は違うんですか？

窪寺――大分県中津市の「いずみの里」（医療法人帰巌会のいずみの里 http://www.kigankai.or.jp/）という介護保険センターでは、正式のチャプレンを置いています。この方はもともと牧師をなさった方ですが、今は専属のチャプレンとして大きな働きをされています。その仕事は、利用者の方のケアはもちろんですが、スタッフのケアです。バーンアウトしがちですから。

大阪での「パスク」（臨床スピリチュアルケア協会 http://www.pasch.jp/）という会では、市立堺病院にボランティアを送っています。普通、病院の医療者は外部から人が病棟に入ることを「責任がとれない」などの理由で嫌がるんですね。でも私たちの会は全面的に信頼してもらっているんです。きっかけは、看護局長がたまたまスピリチュアルケアの講演会を聞いて興味をもち、チャプレンとしてボランティアで病棟に来てもらったら、患者さんのお話ももちろん聞くのですが、スタッフの話を実によく聞いてくださった、それでその年、その病棟の看護師さんは誰も辞めなかった、という経緯がありました。

ボランティアで毎日来て、特定宗教の枠にこだわらず、患者さんの話をよく聞いてくれるチャプレンは、病院にとっても、スタッフのケアにも大きなプラスだったと思います。業務の中に埋没して閉塞感に囚われ疲れてしまうスタッフに、少し広い枠組みの中で自分の存在、あるいは自分の働きを見直せる。宗教性が新しい風を送って、どこに自分がいるか自分のしていることが何かをもう一度確認させてくれる。そういう宗教の意味は大きいと思いますね。

看護局長が看護師さんと話すと、どこか上からの教育指導的な要素が入る。ケアというのはその人が主役になっていくから、他人の追認ではない、その人自身の気づきがいる。それができるのはある意味で宗教者で、代わりはできない。そうみると、まだまだ必要数に達していないと感じます。

罪責感を長い目でケアする

ホームレス支援者の罪責感をケアする

深谷――東京都の特別区人事厚生組合の研修を二〇一〇年から担当しているのですが、ここは、ホームレスの支援をしている社会福祉法人を束《たば》ねているところです。研修に私が入った時点で、職員の四〇％くらいはホームレスの利用者に自死された、あるいは孤独死された経験があるんです。ホームレスだった人たちが自立していくよう支援するのですが、施設に入ったあるいはなんとか自立した、というところでしばしば痛ましい自死をするんです。三年くらい続けて同じ部屋から飛び降り自殺が出るとか、暴力事件や犯罪を起こすとか、アパート暮らしを始めたけれど自宅に放火して死んでしまったとか、場合によっては職員の目の前でビルから飛び降りるとか。お察しいただけると思いますが、そうすると職員がまいるんです。自責の念を何十年も引きずって苦しむ。自死の直接の原因が自分にないと頭では分かっていても、またそのように慰められても、何かできたのでは、あのときこうしなければ、という思い、説明のつかない罪責感が残るのです。

今のところ、研修の入り方としては、そういう辛い経験を振り返ったときに、隠すのでも押し込めるのでも忘れるのでもなくて、そこに意味を汲み取って活かしていこう成長していこうという視点を提供することをしています。実際に事例を出してもらい、考えてもらう。

ゆくゆくは職員の相談もやってほしいって言うのですね。利用者ではなくて、職員の相談です。職員自身が罪責感をためこんでやめてしまう、あるいは抱えたまま仕事をさせておくのではなく、それを捉え返して成長に結び付けられるような支援をしてほしいと。今後組合で、現行の研修のままか、自死事案の後に職員にポストベンションの研修をする展開になるかは流動的です。ゆくゆくは看《み》とり人プロジェクトで、仏教者のメンバーも含めて受けていく仕事になるのかもしれません

医療者へのスーパーヴィジョンの欠如

板井――職員のケアに相当するのは、スーパーヴィジョン（資格ある指導者による面接とケア）だと思いますが、医師の場合はどういうプログラムが存在するのですか。

安藤――ホスピスや緩和ケア病棟に関わるものはあると思いますけれども、医師全体についていうのはちょっとない。医師にとって死は日常的に起こることだから、感情を遮断するある種のスキルをもっているのが「一人前」。患者さんが亡くなって毎回嘆き悲しんでいたら、やっていけないですから。しかし、看護師の場合は、個々の患者さんと親しくなっちゃうから、遮断は難しく、緩和ケア病棟の離職率はものすごく高い。

医療者は業務に就いているときには非常に忙しいですから、病棟にいるときには、精神的に余裕のないことも大きい。病院に医療倫理の講演に行っても、勤務終了直後の夕方からの講演

は反応が悪い。いつポケベルが鳴るか分からない状況で白衣着たままの医師や看護師が聴きに来るけれども、疲れている上に心ここにあらずで、じっくり話を聴くという状態ではない。

ところが同じ人たちでも土日のオフの日に研修としてお話をさせていただくと全然違うんですね。東京大学の死生学プロジェクトでケア従事者のセミナーがありましたが、職場を出てアカデミックな雰囲気の中で同じ話を聴くとまた反応が違うんです。医療者が現場や自身を振り返ったり、共通の経験を分かち合ったりする場がとても必要だと思います。制度的な壁はもちろんあるけれども、心理的な壁は薄くできるのではないかと思います

ときどき立ち止まって再考する意義もある

板井——社会福祉士を目指す学生のソーシャルワーク実習でも、期間中に在宅利用者さんの死に対面することがあります。学生が日誌に切々と感じたことを書いてくれる。僕が巡回指導に行って話を聞きながら、どう向き合うかという話をする。一方で、実習を担当していただいた社会福祉協議会のスーパーヴィジョンでは、いかにその話題を遮断するか、いかに忘れるかを伝えようとする。「次にあなたが会う利用者さんにその話を引きずってはいけないから」と言われるんですね。死を見えないところに押し込めないためにも、宗教者が出て行く役割があると考えました。

深谷——時間的な制約の中で次々仕事をこなすために、「つつがなく流す」文化に制約・支配さ

れてしまいがち。死を受け止めて消化していくのに時間はかかるものだし、嘆いても構わないのですが、それを支える人材が医療職・福祉職以外に必要です。医療職にしても福祉職にしても、時間的な制約のみならず、専門職の悪い文化に束縛されてしまっていますので。

専門分化しすぎると隙間が生じる

窪寺――ホスピスが全人医療をかかげてやっているのには意義がある、あんまり専門化・細分化しないほうがいいんじゃないかと思います。「専門領域以外は私はやりません」となるとね、必ずどこかスキマができますよね。そのスキマに大きな問題が出てくる。専門職になりつつ全体が見られる柔軟性が必要でしょうね。

板井――先の学生は特定の信仰もなく宗教的な教育を受けてきたわけでもない。ごく「一般」の学生なんですけども、先に述べた気づきをきっかけに、宗教的な学びに深めることもできる。遮断のテクニックを覚えるのは、教育としてはどうかと思うのです。社会福祉士を目指す学生は医療概論なども受講するのですが、国家試験対策にとどまるか、生や死とじっくり向き合う機会とするか、方向付けが課題、という印象をもっています。

深谷――社会福祉士は国家資格として成立したところで、多様な視点や自由さが減じ、厚労省からのコントロールが強くなってしまいましたね。

板井――資格制度がもたらした制約と、専門職としてのクオリティーを上げていくという趣旨に応えつつ、いかに柔軟さを担保するかが課題ですね。

3　ケアの担い手が宗教者であることの強みと弱み

チャプレンの課題

葛西――ここまでは、宗教者が強みをもっていること、とくに人の罪責感に対して主体的に関わる意義を具体的にお話しいただきました。後半では、宗教者ゆえに直面する課題や困難、ハンディについて、さらにそれを超えてどうあるのか、ということをお話しいただきたいと思います。

自制と後悔

葛西――柴田実先生（第二章）と深谷先生の調査（『病院チャプレンによるスピリチュアルケア』）の中では、ターミナルケアの締めくくりに、宗教そのものへの先入観、偏見が原因で頑なになってしまったり、ケアが布教に転じてしまったりするような過去の例を、出していらっしゃいます。世間の人が一般に「宗教的ケア」と聞いて不安になる背景には、布教目的ではという思いがあるのではと思いますけども、実際にはそこまでやる人は？

深谷――いないです。基本的に求められなければ踏み込まないんです。「受け身の踏み込み」、チャプレンは問われたときに初めて信仰を出して行くスタンスでやっています。だから「先生、死んだらどうなるんでしょうか」と問われなければ「私の方はこう思いますよ」とさえ言わない。それはインタビューをしていく中でもどかしく思ったところでもあって、もう少し早い時点で自己開示してもよいのではと思ったこともあるんです。受けて初めて踏み込みする、というスタンスが基本です。

葛西――受けて踏み込むまでは控えるというポリシーで、後悔することもある？

深谷――警戒されるんじゃないかと相手を慮って踏み込まなかったチャプレンがあとで悩むことは、あります。「死んだらどうなるんでしょうか」と何度も問われて、早い時期に聖書を開いてもよかったんだけれども、答えを出すよりまず一緒に考えようとしていて、はっと気づくと時間が残されておらず、ご本人が求められているところに行き着かなかった。振り返ってみたときにそれでよかったのか悩む、とおっしゃっていたんですね。

自己犠牲と自己管理

葛西――窪寺先生たちが『牧師とその家族のメンタルケア』で指摘された宗教者家族への負荷も重いところだと思います。牧師として請われ歓迎されて教会に赴任したが、熱意や努力がことごとく裏目に出て追い込まれてしまう事例もある。これらを引き合いに、「人間関係を通して神の業が現れる」のだから、悪いストレスと良いストレスをそれぞれ注意せねばならないと説かれていましたね。悪いストレスというのは人間関係その他の目に見える問題に由来しますが、良いストレスというのは、やりがいがあるので働きすぎて気がつくとご自身や家族が倒れてしまい、牧師の務めを果たせなくなってしまうことさえもあるという。

葛西賢太

宗教者であるがゆえに背負い込んでしまうということがある。一方で、宗教者だからこそ望んで背負いに行く一面も、また宗教者であるがゆえに他人に助けを求められないまま抱え込んでしまうということもあるでしょう。このあたりについて先生方いかがですか。

窪寺——キリスト者なら、キリストのようになりたいと思うものです。キリストというのは最終的には十字架に架かりますよね？　そこにならって、文字通り自己犠牲に至ってしまうことがある。セルフケアを気にかけることはマイナスに評価されがちで、チャプレンは自己犠牲して当然だという認識をもたれてしまう。

自分で自分を管理するという視点が必要でしょう。「信仰」と、もうひとつは「健康」という物差しを持っているべきです。信仰というのは最終的には自分をすべて神に委ねてしまうことだけれども、委ねるなかに自己管理が本来含まれていると考えます。それが忘れられてしまっている。そこで、何が「健康」なのか、「ウェルビーイング」なのかという物差しが必要ですね。

「患者のニーズ中心」の真意

信仰の是非

窪寺――ケアをする者としてのチャプレンが信仰を持っていることにプラスマイナスがある。プラスな面はそこに命を頂くことができるし、支えを得ることができるということです。

一方で、患者さんにとってチャプレンが「強い」信仰を持っているということは、何を意味するのかもよく見る必要がある。熱心な牧師さんに対し患者さんがどれだけ自己開示できるのか。患者さんにとって、あまり立派な先生は話しかけにくいかもしれない。信仰だけでなく人間として付き合って欲しいという、そういう面もあると思いますね。信仰と人間性と、両方が上手に働かずに信仰だけが強調されると、患者にとっても負担になってくるんじゃないかとは思いますけれどね。

深谷――私の調査のなかでも、ざっくばらんなおばちゃんや割と話しやすい感じの気さくな感じの人がほとんどで、ちょっとした世間話とか立ち話みたいなことが重ねられて、その中でポロッと本音が出てくる、そういう中でしかケアは成立していかない。

改宗の数は例外的に多い病院も一件ありましたけれど、だいたい年に一〇件足らず、信仰を持つ家族へのお付き合いとしての改宗で一、二件程度というところもありました。

板井――改宗率の高さは、「信仰」の側面から見ると評価が高いと思います。その一方で、窪寺先生の言われる「人間性」とどのようなバランス感覚が働いているのかが興味深いのですが、そのバランス感覚にこそチャプレンという立場の特徴があるのでしょうか?

深谷――チャプレンという立場だと、改宗を目的には絶対にできない。本人ないし家族の自己決定でなければならない。宗教性を活用することはあるにしても、それが目的になることはありえないんですよね。

板井――それはアメリカでも一緒ですか?

窪寺――アメリカのほうがむしろ強いと思います。

深谷――宗教性を活用してご本人が報われるのであれば活用はする。けれど改宗という結果を求められる方はほとんどいないのではないかと思います。たとえば、栄光病院というのが福岡にあります。ここのチャプレンのインタビューでは、スピリチュアルケアの一般的なケアから入って最終的にはスピリチュアルケア、宗教的なケアに行くのだけども、チャプレンは「洗礼を受けませんか?」とは言わないですよね。キリスト教精神に基づくケアを唱えている栄光病院ですし、言ってもよかった事例ではあったけれど、あえて言わなかった。患者さんがキリストの絵を横に、手を置いて安心していて、ご家族が「ああ、なんかキリストの絵に話しかけているね」と言われるなかで亡くなったという事例なんですね。その人のニーズに従っていくことが目的で、本当に「受け身の踏み込み」なんですね。

板井――スピリチュアルケアと宗教的ケアとの間はゆるやかなグラデーションなのでしょうか。それとも「洗礼を受ける」という一線が明確にあるのでしょうか。

深谷――どうでしょうか？　洗礼までは行かず「お祈りしませんか？」という言い方になっているかもしれませんね。「洗礼を受けませんか？」というところまでは踏み込まないチャプレンが多いですよ。

窪寺――伝統的なキリスト教では、信仰告白して、洗礼を受けて初めてクリスチャンということになる。しかし、クリスチャンになって初めて救いの体験とか神との出会いとか平安とか喜びとかが起きるのでしょうか？　たとえば信仰告白がないとしても、そうしたことはありうるのではないかと私は思っています。お祈りする際にも、まあ、キリスト教だからイエスを思い浮かべるかぐらいで、キリスト教の中身はほとんど分かっていないわけですよね。

「祈らせてください」には反対はない

窪寺――神って言っても分かっていないわけ。だから、「祈らせてもらってもいいですか？」って言うと、私の経験では、反対されたことはまったくない。

深谷——それはチャプレンの皆さんがおっしゃっていましたね。信仰者であっても、生涯宗教とは関わりを持たなかった人であっても、「祈らせてください」って言ったときに、拒絶されることはほとんどなかった、と。

窪寺——普遍的なもの、大きなものにつながるチャネルが、祈りなんじゃないかと。そのときにキリストの神だなんて言わなくても、私たちの命を支えてくださる方に、どうぞ私たちのこの命が平安であるように、あるいは病気が癒やされるように、あるいは私たちのこれからの人生が大きなところへ出されていくようにと祈ると、その人はそれで安心しますよね。宗教色を出さないでも、宗教の根っこに触れることができるのではないだろうかと思うんです。キリスト教にしても仏教にしても、枠組みや唱え言や象徴が邪魔していて、素朴に宗教性に触れる妨げになっているのではないかと思います。

宗教的なケアとスピリチュアルケアとの違いは、宗教的なケアは「どうぞ教会に来てください」「聖書読んでください」「そうすれば福音がありますよ」と、宗教が主役になっている。スピリチュアルケアはそうではない。患者さんのところへ行って、あなたのスピリチュアリティに「私は寄り添いますよ」と言います。こっちへ来なくていい、こっちが出て行くからという立場です。相手が主役の姿勢。ところが宗教的ケアっていうのは、宗教が主役になっているんですよね。

「宗教は危ないから来たくない」という人たくさんいると思うんですよ。医療や福祉の中で、素直なかたちの気づきがありうるのでは。宗教という文化が現代人に身近ではなくなってしまった時代、医療や看護や福祉から、宗教者が学べることがありそうな気がしますね。

4 宗教的なケアの専門家という制度を問い直す

急《せ》かさない智慧

「答え」を持つ強みと弱み

安藤――では、医療はどうなのか。宗教者の方っていうのはある意味「自分の答え」を持っているわけですよね。スピリチュアルペインに駆られている人やスピリチュアルケアを必要としている人が、その人自身の答えを見つけようとしているときに、洗礼・改宗という結果にならなくても福音に触れることができるのは、宗教的なケアを提供する側にビジョンがあって、その人が最終的に到達する答えが、全人的な関わりの中で現れてくる。

一方で医療、とくに非宗教的な医療者のスピリチュアルケアの言説では、「それぞれの人ごとに答えがあるんですよ」ということで、医療者の一人ひとりは答えをもっているかどうかが問われない。「あなたにはあなたの答えがあるんです」だけでは相対主義に陥ってしまう。何らかの答えを宗教者がもっているということは、ものすごい強みなんですね。

窪寺――押し付けてはいけないけれど、そうですね。エンパワメントを急《せ》かさない

安藤――ある研究会で、緩和ケア病棟の医療チームがスピリチュアルケアの「成功例」としてこんな発表をしたんです。新体操の有名な選手だった女性が、三〇代でがんで亡くなられるときにスピリチュアルペインの状態にあったと。医療チームは、彼女の人生の意味を確認させてあげなきゃいけないと、彼女の弟子たちを病室に呼んで来て、選手としてコーチとして彼女がいかにすばらしかったかを語らせた、そしたら患者の死の不安が和らいだ、というような内容の発表です。

それに対して小松奈美子先生（武蔵野大学）が疑問を呈された。患者がもっている問いかけ、探究としてのスピリチュアリティに、医療者の側から答えを押しつけて探究を止めることになっていないか、と。宗教者が信仰を押し付けたりすることと同じことが、違うかたちで起こっている。非宗教者がやるからといって押し付けにならないということではないですね。

深谷――私たちのスピリチュアルケア講座「看《み》とり人プロジェクト」で出てきた事例では、認知症で身体の諸機能も失われていた方で、宗教をもっていない方なんですが、「もう何にもできることが無くなっちゃったよ」とある看護職にこぼしたところ、「できることを思い出させてあげましょう、お孫さんを連れてきておじいちゃんとしての役割を確かめさせてあげましょう」と、決めてかかったように言っていたんですよね。

それがあと一週間か二週間で亡くなる人が、本当に望んでいることなのか。喪失や痛みを吐いているところなんだから、そこを聞きながら立ち止まって一緒にいることのほうがケアになる。そういう患者や高齢者にエンパワメントの方向に行かせようとするのがケアなのか。「非宗教」というかたちのエンパワメントの押しつけには抵抗感がありますね。

安藤――医療者は待つことが苦手な傾向があります。一人ひとりにじっくり寄り添って探りながら待っているということがなかなかできない。

葛西――待つのが苦手なのは医療者だけではなくて、今の宗教者もエンパワメントモデルに染まってあれこれやってしまっているように見えます。終末期の空気に耐えられずに余計なことをしたり、そもそも病室に来るのを避けるようになっていたりするかもしれません。

「利用者が主役」をどう理解するか

板井――要するに、援助者と被援助者との間の宗教性なるもの、スピリチュアルなるものがずれていてもいいということでしょうか。一致しなければだめなのではない。不一致性がニーズを満たすこともありうるということですよね。

窪寺――徹底的に自分に、受け手が主役、と言い聞かせておく必要がありますよね。そうでないと宗教者にかかわらず「何かせんといかん」と強迫観念に囚われるようになる。医者だったらこうしなきゃいけない、この痛みを取ってやらなきゃいけないと思ってしまう。宗教者だったらなんとか平和に安心して逝かせてやらなきゃいけないと。それぞれ、強迫観念を持ちますね。

安藤――看取りの正しい文化のあり方と関わってくると思うんですね。医療というのはお金もかけているし、制度化されて、システム優先になってしまっている。利用者の方が主役である、というケア活動の原点を忘れさせるようなシステムができてしまっている。患者本人を離れて医者は医者の論理を、看護師は看護師の論理を、そこに持ち込んでしまう。

ひとりの患者さんを前にして、医師として、看護師として、ソーシャルワーカーとして、宗教家として何ができるのか／するかを吟味する発想が必要なのだけれども、医療のシステムの速い流れの中で腰を据えて考えにくいこともあるのではないかと思うんですね。いい形で在宅医療が進んでいったら変わってくる可能性はあるけれども、病院というシステムが足枷になっているように思います。

昨今、病院で「患者様、○○様」と呼ぶようになったけれど、やはり病院の中では医師は階層のトップにいる。患者が医者に尋ねたい質問を看護師に伝えると、「話は分かりました。何々先生に伺ってから伝えますね」という答えが返ってくる。建前では患者さんが主役でお客様だと言いながら、医者に敬語を使って患者さんには敬語を使わないというところに、現実が露出しています。

板井――ソーシャルワークでも同じような揺れがあると思う。ソーシャルワークの歴史は長くはないけれども、援助者と被援助者の立場性というのを考え続けた百年といえる。最初は友愛訪問（friendly visiting）で始まって横の関係を作り、次に医療モデル・診断モデルといわれる上下の関係を作った。そうすると、下に見られた被援助者の援助者に対する不信が生まれ、やっぱり平等・同じ目線が必要ではないのかと横の関係が再び目指された。それが今では契約モデルに移ったことで、被援助者はお客様となり、お客様は神様ですという関係になった。この揺れは、ソーシャルワークの持つひとつの魅力でもあり、弱みでもあるなって思うのです。

深谷――強みでもあり、弱みでもある。どこへ行っても対等な立場を保とうという発想に立っています。医療とは全然アイデアが違うのです。

安藤――ソーシャルワークは、相手が生活の場にいる方だから。一方で病院は、病気によって生活の場を奪われた人が入らなければならないところですから。

板井――そのイメージを膨らませると、在宅ケアが進めば変わるかもしれない？

病院依存を手放すための患者教育・家族教育

安藤――現在の課題は、資源を活かすネットワークやノウハウが必要だということです。自分の家で死にたいと言っても最後の最後になると不安になって病院へ行くとか。あるいは本人や同居している家族は在宅でいいと言っていても、親戚が「こんなに苦しんでいるのになんで病院にやらないの」と無理やり病院に戻してしまうこともある。ある種の病院信仰みたいなものがある。在宅の看取りを経験した人は「こういう場合は自分たちで対応可能」「こういう場合は医者を呼ばなければいけない」といったノウハウをもっています。それをもたない人は不安になったときに病院などの既存のシステムに寄りかかってしまいがちです。自分たちでできることとできないことが明確に意識化されていない。そういう実際的な知恵というかノウハウを共有していくようなネットワークがやっぱり必要ですね。

板井――医療でも看護でも福祉でも、そもそも地域や家庭での行為を外部化・社会化して現在に至ったわけですよね。それをいまさら地域や家庭に戻すといったところで、実はもうノウハウやスキルが消えてなくなってしまっている。そこをどう補完していくのかっていう課題もあるように思いますがいかがでしょうか。

在宅の難しさにも向き合って学ぶ

安藤――家庭というもの自体において、昔と機能が変わってしまっている。「家でおじいちゃんを看取ろう」ということになると、手持ちの資源と時間をやりくりしようと思っても、それまでの家庭の文化みたいなものを大きく変えないと無理なんです。もちろん変わることは学ぶことでもあります。だから、自宅に死に場所を戻せばいいという単純な話ではなくて、それが学びの場でもあるという意識をもたないとだめです。「子どもが受験だからそんなことはできない」というわけにはいかない。

深谷――核家族化や単身世帯が増え、家族機能が弱体化していくなかで、死に場所だけを家族に求めていくというのも無理になりますよね。在宅ホスピスのチャプレンをしていた柴田（深谷の共同研究者であり第二章執筆者）が、「家族の中で亡くなることとホスピスの中で亡くなることとは全然違っている。家族の中で長年生きてきて機能不全も引きずっている。その中で死ななければいけない」と言っていました。つまり、患者さんは自宅では安らがないかもしれないという視点も必要なんですよね。自分の家だから気兼ねしないということもあるが、一方、両親に気兼ね、子どもに気兼ねして、本当のことを誰にも言えないと思って死ぬかもしれない。ホスピスであればチャプレンや看護師など誰かに吐いて死ねるわけですよ。そういう限界はあるんですよね。

患者教育・家族教育の必要

窪寺――患者さんとか利用者さんが、たくさんあるメニューの中からどれを選ぶか、患者の主体性の確立が大切。お定まりの線路の上を走らせるのでなく、選択をアシストする患者教育が重要になってきている。

安藤――メニューがあることすら知らない、知らされていない状況ですね。

窪寺――メニューが専門化しすぎているという問題もあります。たとえば人工呼吸器をつければ呼吸は楽になるけれども、植物人間になってしまう。そうした際、家族は選択が正しかったかと苦しむ。「先生、いつまで母はこういう意識もなく機械につながれた状況ですか」と尋ねる。

家族の人たちも「(これなら)早く亡くなったほうが良かったのか」と、後になって自分たちの選択を疑ってしまうわけです。残念ながら。家族やご本人に、どの選択がどういう経路をたどるのかをあらかじめ把握してもらう教育が重要な時代になってきている。

葛西――治療やケアに伴う重たい現実をきちんと伝える教育が、ケアの中に組み込まれるべきなのですね。

生と死の文化をつくる

キュアとケアの共働

安藤――医療の主人公は患者だとは言うけれども、実際の医療者には、医療は自分たちが(自分たちだけで)するものという意識が抜けませんね。専門的な知識や技術をケア活動の一環としてデザインしていくのが具体的な医療ですが、それは患者と共につくっていくものです。医療者が画一的な理想の医療を提供すればそれでいいという話ではなくて、医療者は患者の話を聞いて状況を把握することなしには、個々の患者にとって何が一番必要なのかという判断すら、実はできない。患者の方もただ受け身で医療に対して文句を言っているだけではだめで、医療を含めた大きなトータルな、生と死を支えるような文化作りに参与する必要がある。そのためには風通しを良くしないと。

今、一般人と医療者との間の風通しが悪いと思うんですよ。慢性的な病気を抱えていらっしゃる方や自助グループの方は、長期戦ですから、患者会のような密に情報交換するネットワークも存在するし、病気に対して詳しい知識や具体的なノウハウをもっている方が多い。けれど、普通に病院にひとりの患者あるいはその家族として行った場合には、「おまかせ」するしかない。複数のメニューが選べることすら知らされていない状態。一般人にある種の医療リテラシーを醸成していかないとね。風通しがよくなるのはそれからとすれば、まだ第一段階がクリアできていないのかもしれません。

窪寺――安藤先生がおっしゃったように、ケアといえば「共に」という面があると思うんですね。まだ上からキュアやりますので患者さんの方もひとつよろしくお願いします、という空気が濃い。ケアはたしかに「看護する」とか「お世話する」ことですが、この言葉には「ケアする側」が気にかけて心を傷《いた》めるという含意もあるんです。そこを踏まえれば「一緒につくっていこう」というのが出てくると思うんですよね。そういう文化が必要なんじゃないでしょうか。

そうすると、死にゆく人も自分が貢献者になるから、主役になるから、新しいものをクリエイトする参加者になれるからと、自分の生の意味を見いだすよすがにもなると思うんですよね。

宗教教育も遺産

窪寺――ユダヤ人の宗教教育の例を挙げます。ユダヤ人というのはあれだけ苦難を背負っても伝統を保てる、宗教が彼らにとって支えになっている現実がある。食事や安息日のお祈りなどのしきたりを守り、子どもの頃から宗教に触れているから、宗教が自分たちをどれだけ支えているかを認識すると同時に、人生に喜びも見つけています。

日本はそれが弱いと思います。日本人にとってそういう宗教性の対象となるのは、自然か、芸術でしょうか。けれどやっぱり宗教家たちに触れながら宗教を学ぶというのは、それとは別の意義がある。その宗教的遺産が十分に伝わっていかない。提供されていかない、警戒されすぎている。日本はその意味で不幸な文化なのかもしれません。

深谷――福祉の現場に出ている学生さんであっても、今まで育ってきたライフコースの中では生とか死について考える機会がほとんどない。フワフワと生きてきている。現場に行って見て初めて高齢者に出会って、限られた機会ではあるけれども、初めて老いることに触れたりとか、死に触れたりする。

大学では「一〇センチ深く地面を掘りなさい」ということを学生にも言うのだけれども、一〇センチ深く掘り下げるには何が必要なのかという教育が大学にはないわけです。本当は宗教教育がその役割を果たすはずなのですが、大学の時期に伝えるのは難しい。宗教教育は中学、高校のところでやっていないと厳しいのです。

生とか、死とか、人間の価値とか、一通り自分なりに考えて眺め回してみる経験が中等教育、高等教育で必要です。大学に来てからでは考えられないんですね。他者理解が深まらない。自分が生きてきた年齢までのことしか想像できない。自分と違うリアリティの他者に想像力の橋を架けることができない。「障害者っていう別種の人間」がいると思っていたりするのでびっくりしたんですが、本当に想像力がない。若い職員も見ていると「一〇センチ深く地面が掘れない」のですね。想像力を深く掘り下げ、広げられない。

たとえばホームレスの人が飲酒をしてしまう、なぜ飲酒をしてしまうのか？　飲酒をしてしまう弱いだめな人だから、ホームレスに転落してしまうのは弱いだめな人だから、という見方しかできない。母子生活支援施設の職員が、子どもを置いて男性と遊びに行ってしまうお母さんを「だめなお母さん」としか捉えられず、ダメダメダメダメなあなたを自立支援させますからと、お尻を叩くようなコースにしか乗せられないわけですよね。それでは本当の支援になっていかないのですが、人間の見方を一〇センチ掘らないと本当の支援はできない、これを伝えたい。それは、自己と向き合う宗教者の仕事なのではないか。

自分の生存を削る覚悟

深谷――もうひとつ、福祉や医療や看護という現場は、自分の生存と相手の尊厳の相克に悩む現場。要するに福祉で相手に尊厳のあるサービスを提供するには、どんなに条件が良くても自分の生存を削らないとだめなんですよ。私のところのある卒業生がこういうことを言っていた。「僕は大学にいるときにはいくらでも人権を護ったケアができると思っていた。そうあるべきだと思っていました。ノーマライゼーション万歳だと思ってた。しかし、現場に行ってみて気づいたのは、自分の生きる空間と自分の酸素の量を削らないと、人は助けられないってことです。自分の生存する空間を削らないと生存権を譲らないと、相手の尊厳をギリギリ護れないのが福祉だ」と。それは時代が変わってもどんなに人員の配置が良くなってもお金が来ても変わらないだろうと思うのです。自分の生存をもちろん削りたくはない。相手の尊厳を護りながら自分の生存空間も拡げていく。ソーシャルワークというのは利用者のことを護るけれども、ワーカーのことも護って、それで社会変革していくというのがソーシャルワークだと思いますからね。相手の尊厳も護り、自分の尊厳も護るというところに踏み留まるパワーはやはり宗教性ではないでしょうか？　私はどうしても思うんです。それがないと踏み留まれはしないのではないかなと。

私はキャリアの始めに知的障害の子どものケアに関わったのですが、たとえばお盆に盛られたご飯が天井にバーンと投げ付けられ、カレーライスが降ってきたりするんです。そういう子どもさんと付き合いながら生存権の話をどう考えるか。職員としてギリギリ生きていくのと、その子を人間だと言い切ることとが天秤にかかるんです。で、自分の生存権が削られてもこの子は人間であると言い切れるのはなぜか？　問い詰めて出た答えがやっぱり神しかいない。この子が人間で兄弟であると言い切るためには信仰しかなかったんです。福祉っていうのはそこまで追い込まれるんです。

板井――福祉というのは基本的にしんどい学問ですよね。
　学生を実習に連れて行って、信念をもって公私を超えて利用者に関わっているという職員のお話を伺って、すばらしいと思いつつも、「（退勤の）タイムカードはいつ押すのか」とふと思うわけですね。そこを乗り越えるのに、宗教の果たすべき役割がありつつ、宗教色を前面に押し出すことが必ずしも現実的ではない。そうであるならば、宗教を超えて普遍化させていくよいアイデアがないのでしょうか？　強みと弱みは確認した、でも現状、前に進めないこの閉塞感。そもそもこの閉塞感自体が幻想という可能性もあるわけですけど。先生方が考えていらっしゃる一手は？

弱さ・不完全さを赦す／許す宗教性も

窪寺――まず、障害を持っている子たちも自分の兄弟姉妹と思い、神に力を与えていただきながらケアにかかわっていくことは、すばらしい。しかし、どんなにやっても不足がある。自分が死力を尽くしてもなお尊厳を護れない。その負い目を前にして、この私ができなくても仕方がないというところで赦されることも大切だと思うのです。宗教というのは、ケアするために負い目を赦して、ケアの与え手を解放するものでもある。自分のできるところまでしかできない。そういう余裕がないと、続かないんじゃないかと思います。
板井――ニーズとのマッチングというのがソーシャルワークで積極的に論じられていますが、しかしながら、不一致でもいい、完全な一致ではなくてそれらしくあればいい、というような余裕を生み出すことにも、宗教の意義がある。宗教性は葛藤の場面を乗り越えていく力になるけれども、自分を赦《ゆる》す役割もあるということですね。

深谷――ある基準を呈示して基準を目指すように教えるのが宗教であるならば、プラスそれにたどり着かない自分を赦していく存在でもあることを教えるのも宗教です。ひとつの目標を指し示すこともするんだけど、それに達し得ない人間も受け入れる。達し得ない人間というものを赦していく存在。両面があるというか。甘すぎも厳しすぎもしない。

窪寺――天才というのはいるもので、奉仕に全身を投げうって理想を私たちに示してくださる一方で、私たちみたいな弱い者も、赦されているのだと教えてくれる。福祉というのは特別な人たちだけができることではなくて、みんなができていいものではないかなと思います。みんなで背負っていくしかない。みんなでやろうよ、福祉を担っていこうよと思いますね。

板井――外から見れば、重い課題を抱えた福祉に関わる人々にがんばれと応援するとともに、その課題に共感して赦す／許すことも宗教の役割かもしれませんね。

ケアにおける宗教のおきどころ

葛西――ケアの未来を考えることは、課題に取り組む推進力と弱さへの赦しとを兼ね備えた専門家をつくっていくことに取り組むということです。医療や福祉の現場の現状と課題に鑑みながら、宗教というソーシャル・キャピタルをどんなふうに位置づけていったらいいか、先生方それぞれ持っていらっしゃる今後の戦略というか計画はございますか。

異なった価値観を正視する

窪寺――宗教が非常に社会的影響力を失ったなかでも、たとえばマザーテレサに対してはみなが尊敬している。ああいう生き方こそ宗教的な生き方じゃないかと多くの人が思っている。

そういう現象を見ていると、最終的には宗教者の生き方が問われていると思います。もちろん自分の反省も含めて。スピリチュアルケアは宗教という資源を利用しているわけだけれども、その宗教者自身が宗教をどう生きているかが、最初に問われている。

たとえば宗教者といえども、食べたり、買い物したり、普通に生活をしています。自分の子どもが問題を起こすこともあります。子どもたちを一般の学校に入れれば、この社会の流儀に染まっていくわけです。宗教者が自分の子どもたちを自分の信念にあうように育てようと思えば、違う生き方を選ぶしかない。現代社会から逃避して社会の声が届かないところに住むことになるでしょう。それは問題です。しかし、同時に、今、宗教は社会の価値観に嵌《はま》りすぎていないだろうか、と私は感じているんですね。その辺りが、宗教が現代社会の中で固有の意味を失ってきている理由の一つかなと。

近年、韓国の教会がとても伸びているけれども、信仰のために命を失った人たちがたくさんいるわけですね。南米でもキリスト教は伸びているんだけれども、宣教師の人たちが、現地の貧しい人たちの教育や医療、看護などに積極的に関わっています。もちろん自分自身の反省も含めて、宗教者の生き方が問われているんじゃないかと強く思いますね。

深谷――日本人と宗教の関係というのは、まず懐疑から始まるというところがあると思います。マザーテレサはすばらしいけれど、その信仰については知ろうとしない。賀川豊彦は近代日本のグランドデザイナーだっていうことは知っていても、彼が伝道者だったってことは知ろうとしない。そういう形で宗教を切り落とす文化ですから、宗教が活きたとして、そこで宗教の価値を認識してくれるかどうか、私は懐疑的。

日本人はずるいから、実《じつ》は取りたいけれど相手が何によって生かされているかは見たくない。学生も、クリスチャン教員に相談はしても、その信仰については触れない、踏み込まないことが多い。「尊敬はするけど宗教は嫌いです」という一言なんですね。○○先生から影響を受けるとか、人格を陶冶する、とかいうことが考えにくい時代であり、文化です。

風景に溶け込む存在

安藤――ここまでのお二人の話をうかがって、日本における宗教の居場所を考える上で、特段の貢献をしないことにも意義がある、ということを確認できたらと思います。

東日本大震災の後、あるお坊さんが、津波の被害のあった海岸沿いを一〇〇キロ以上祈りながらずっと歩いていらっしゃる写真が、広くネット上で話題になったことがありました。

深谷――共同通信の写真ですね。

安藤――これを見るとほっとするんだと友人が教えてくれたんです。自分でもたしかにほっとするんですね。なぜなのか言葉にできなかったんですが、講義で学生に見せて、感想を自由に書いてもらった。このお坊さんは何かしているわけじゃないですよね。他の場所では支援活動などをされているかもしれないけど、ここで見る限りでは誰かを助けているのではない、祈りの所作らし

粉雪が舞う被災地を、祈りをささげながら歩く僧侶。2011年４月４日撮影。岩手県山田町。［写真提供：共同通信社］

いものはしているけれど、宗教儀式で特定の祈願をしている風でもない。海に向かって深々と礼拝されている写真もあるのだけれど、「これはいったい何に向かわれているんだろうか」と学生に問いかけた。そこで返ってきた一つの回答に、自分はとても驚いたんです。それは、「私もこれ見るとほっとします。この風景にこのお坊さんが溶け込んでいますよね」というものでした。

かつてオウム真理教の広報担当だった上祐史浩《じょうゆうふみひろ》が記者会見の中で、既存の仏教に対する印象を問われたときに、「神社、仏閣というのは私にとって風景みたいなものにすぎない」といった言葉と、この回答がとてもかぶったんですね。上祐の使い方は否定的なのだけれど、日本人にとっての宗教性を考えるうえで、「風景」ということが重要なのではないか。自然とのかかわりはこれまでも指摘されてきたけれど、ケアにつなげると、シシリー・ソンダース[2]が「ターミナルケアの真髄っていうのはそこに居ること、Doing じゃなくて Being なんだ」と言っている、何もしないということがもっているすごさを感じとる、という課題があるなと思ったんですよ。

その学生はこうも言っている。「自分が同じようなことをやっても絵にならないだろう。お坊さんだから絵になっている」。何もしないけれどもお坊さんの存在感が人々の心を確実に和らげる、ともすると社会貢献の成果 Doing が目についてしまいますが、この居ること Being の重要性もしっかり押さえておかねばならないと思いました。

本書でインタビューされている岡部健先生（141頁〜）は緩和ケアのプロですが、津波で同僚をなくされたそうなんです。看護師さんは利用者さんを助けようとして、そこで上がってきた波にのまれた。病院の皆さんがその痛みの中で仕事を続けて行っていたとき、お坊さんのお経で、とてもほっとしたというんです。スピリチュアルケアとか、もちろん専門家ですからよくわかってはいるけれども、お坊さんのお経には全く勝てなかったという。その、宗教のBeing にもっと注目することが大切だなと思います。

板井――何かをするという宗教性に対して、何もしないという宗教性もケアの中にあるということでしょうか。

安藤――さっき深谷先生も言われたことに絡めると、何もできない人とか、この人が生きていて何の意味があるのか分からないというような人の価値を認めるためには、Doing だけの価値観では限界があると思う。それとは異なる、いるだけ Being の価値を認める必要があるのでしょうね。

葛西――必ずしも無為じゃないですよね？ 先ほどのお坊さんで言えば、海に向かいながら伝統的な所作で仏を念じたり神様を祈ったりしているかもしれない。

安藤――ただ何もしないということではない。

葛西――スキルも宗教性もある人が、にもかかわらずそこにただ居る Gift of Presence ですよね。

祈ることでそばにいること

板井――ある大阪の神職の方は、阪神大震災以降いろいろな災害ボランティアに関わっていらっしゃいますが、今回の東日本大震災の直後、現地に行かないでひたすら祈っておられる。もちろん駆けつけたい気持ちはあるのだけれども、神社には一人しかいないので私がいなくなったらこの地域のお社《やしろ》は開かないことになる。だから祈るんです、って言われました。まず祈って、それで、代役や休暇が取れたら行きます、と言われたんです。駆けつけることの一方で、ちゃんとお社を開き続けることの大切さを他の神職も気づいてくれたらとおっしゃった。私は良い意味でのショックを受けました。

大阪大学での卒業式で、鷲田清一先生が中井久夫先生の言葉を引用して、大阪にいる人は「隔たっているけれども傍にいる」（いてくれること copresence）ということをみなさんも今考えるべきだ、と語られたことを思い出しました。[3] 何もできなくても静かに真摯に祈る、そういう役割も宗教にはあるかもしれない。

窪寺――ニューヨークを訪れた折、聖ジェームス教会（St.James Church）に行ったんですね。外側は喧騒なんですけども、中では一人のご婦人が、椅子のところでひざまずいてずっと祈ってられました。神のことなど忘れて自分のことに忙しいなかで、この人は神々しいぐらい真剣に祈っている。私は感動しました。彼女の背景も、なぜ祈っているかもわからない。移民か、離婚されたか、子どもさんを失ったか、あるいはただひたすら神を求めているのか、そのただ祈る姿に神々しい姿があることを教えられたことがありました。

宗教者の生き方と祈り方

窪寺――たぶん、私たちが今話しているのは、宗教者がどういう生き方・あり方をするのかということですね。

深谷――カトリックで観想と活動（vita contemplativa et vita activa）という言い方がありますね。観想修道会というのは、自分たちの自給自足の労働以外は祈ること（観想）しかしていない、と批判されるのですけれど、教会のためにあるいは社会のために祈っているわけです。彼らの沈黙の祈りと、それからこの世に仕えていくということとは表裏一体。祈りがあって活動があるっていうことの意味は深いと私は思いますね。

私はもともとプロテスタントの出自なのですが、カトリックに何かあるんじゃないかと期待してカトリックの上智大に進学したんです。チャペルで一時間でも二時間でも半日でも祈っていられるシスターたち、観想を見ているのです。彼女らは自分と神との交わりを深めているんだけれども、この世界や他者のために祈っている。活動家の人たちであればこの祈りを基礎にして、マザーテレサのように活動に出て行くわけですよね。祈りと活動の両面があるのではないでしょうか、宗教者には。

葛西――祈りというのはともするると内向的な、ナルシスティックなだけの実践として批判されるがちですけれども、宗教者の社会活動、ケアの基礎になっているBeingでありPresenceであることを見落としてはならない、ということですね。

自粛しないで宗教性を貫く

深谷――内面の祈り、ということの意義に加えて、外面の活動、ということについて、最後に一言。宗教者が様々な社会活動をするときに、世間様にぶちあたって、しばしば自粛してしまうことが、日本の宗教者にとって、大きな課題と思っています。私は、よく状況を見据えながら、ギリギリのところまで壁を押し続けなければいけないって思っているのです。それで、私自身、ずっと社会福祉教育にかかわりながら、大学院までかけても伝えきれないとジレンマを感じているものを、神学校にこの年になって行き、あとの人たちに信仰として伝えようと思ったのです。

私の教会のメンバーが、東京の下町にあるキリスト教系の福祉法人で、学童保育や児童館みたいな活動をしています。そうすると、キリスト教を背景にしているのに、ある種のルーティンワークになってしまう、というジレンマがある。ヒューマニズム的に、あなたたち一人ひとりは価値があるんだよとか、東京大空襲の記憶とかを終戦記念日の紙芝居にするとか、そういった活動と合わせて、平和の大切さを、神の愛をどう伝えていくか。こうした活動でも宗教色を薄めるようなプレッシャーが常にかかるんだけれども、それにどう応えていくか。そのための力になるのが祈りっていうか観想だと思うんですね。

葛西――議論の中で、宗教が未来に伝えていくべきポテンシャルとして、活動を進める力と、担い手の不完全さを赦すところと、両方が大切だというご指摘がありました。また、活動Doingと合わせて、（祈りながら）ただそこにいることPresence/Beingも大切で、それは、広い意味で、宗教者の在り方Beingが問われることでもあると、叱咤激励していただきました。

ケアの仕組みや制度について語っていただいた前半から、後半は、ソーシャル・キャピタルとしての宗教の、現代社会における役割どころを、ケアの現場に責任や使命を確認されるお話でしたね。長時間にわたり、どうもありがとうございました。

（聞き手―板井正斉／葛西賢太、二〇一一年一二月一日、宗教情報センターにて）

［編者注］

1　同学会の専門資格認定制度は二〇一二年秋にスタートし、三四名の指導資格者と五団体の認定プログラムが認定された。本年より個人の担い手への認定も開始される。詳細は同学会ウェブサイトを参照。http://hccweb5.bai.ne.jp/~hee76001/jssc20120529/CCP022.html

2　ソンダースは現在の緩和ケアのモデルを作り、また世界最初のホスピス病棟を英国の聖クリストファー病院に開設した。

3　http://www.osaka-u.ac.jp/ja/guide/president/files/h23_shikiji.pdf

あとがき

得られた二つの大きな視座

本書では、「ケアする者」と「ケアされる者」の関係性について、特に、宗教によってケアがケアとして成立している事例と、ケアを通じて宗教者が自らやケアの受け手に内在する宗教性を再発見する事例から検討した。そこでは「ケアする当事者としての感覚」を重視することで、主観的体験がソーシャル・キャピタルを支える力へとつながり、社会的役割としての適切な可能性を明らかにすることを確かめた。

あらためて本書に収められた興味深い論考やインタビューを振り返ると、二つの大きな視座を得ることができたと考える。一つ目は、ケアする者とケアされる者との「一対一」へ集約される関係性において、個別の当事者にまつわる宗教の役割である。二つ目は、その逆に「一対一」から拡散させられた環境の中に見え隠れする宗教の役割である。

前者は、従来、宗教者によって積み重ねられたケアと宗教に関する地道な実践の延長線上に位置する。現在、ケアの専門性を一手に引き受けているかにみえる非宗教的なソーシャルワークにおいて、その礎を築いた人々が敬虔な祈りを重んじていたことからも、それは自明のことといえる。しかしながら、わが国のケアの歴史の中で、その宗教的背景がしっかりとつなげられて論じられる機会は極めて少ない。このことは、ケアの担い手を養成する仕組みとも関連する課題として第Ⅲ部鼎談でも触れられたとおりである。それでも本書第Ⅰ部で取り上げた金沢・真名子論文による「教誨師」や、柴田論文の「チャプレン」、宇野・野呂論文による「自殺念慮者に対する相談ダイヤル」、さらに岡部健へのインタビューでの「在宅緩和ケア」などは、断絶されたケアと宗教の〈これまで〉と〈これから〉をつなぐ、まさに最先端の活動といえる。

さらにいえば、いずれの論考からも「一対一」の関係性に基づきながら、お互いのアイデンティティに固執するのではなく、宗派・教団を超えた視点も含んでいる点は見逃せない。すなわちその視点の先に、より普遍的なソーシャルワークの倫理観との接点を見いだせるようにも思われるからである。総説や鼎談に挙げたチャプレンの専門性の倫理に加え、例えば、個別援助技術（ケースワーク）では、基本的なワーカーの姿勢として「バイステックの七原則」が重んじられる。アメリカの社会福祉学者であるフェリックス・バイステックによる倫理概念で、「①個別化」「②意図的な感情表現」「③統制された情緒関与」「④受容」「⑤非審判的態度」「⑥クライエントの自己決定」「⑦秘密保持」が挙げられている[1]。いずれも、ソーシャルワークの専門性を担保するための重要な指針となっている。これらは、たとえば、ケアに関わる宗教者にとって、布教・伝道への関心を抑制し、共感を発動しつつもコントロールし、ケアの受け手の信念や決断を尊重することが、これまでの経験から学ばれまた求められるようになっている現在とも響き合う。この他にも「福祉マインド」とか、「福祉エートス」といわれるような倫理観・価値観について、国家資格を目指す養成教育でもたびたび触れられてはいるものの、ともすると具体的な援助技術と切り離されて教えられているような印象も持つ（第Ⅲ部鼎談）。連綿と続くケアと宗教の地道な実践の〈延長〉を積極的に社会へ還元するならば、ソーシャルワークの重視する倫理性との接続も可能かもしれない。

後者の、より拡散した環境における間接的な宗教の役割を見る視点は、従来、ケアと宗教に関する研究の中では積極的に扱われてこなかったテーマから生じた新たな視座である。ケアと宗教の関係は、貧・病・争の悩みに対する精神的な「救い」を中心として、具体的には仏教とキリスト教をはじめとした、社会的弱者を対象とした歴史的先駆的な活動が注目されてきた。その一方で、神道については、地域に深く根ざした宗教性の違いから、「日本固有の宗教、神道にあっては、福祉活動との関連は少ない[2]」と誤解されてきた。もちろん、いわゆる教派神道の中には、特筆すべきケアを実践してきた教団も存在する。第Ⅱ部の金子論文が扱った天理教の「里親制度」も社会的な評価の高い一事例である。しかしながら、第Ⅱ部で取り上げた室田論文の「神社保育」や、インタビューで神職の「末期患者への関わり」を答えた足立正之、さらには櫻井治男による「神道福祉」などは、これまでとは違った視点を提起した。すなわち、ケアする側とケアされる側を、今ここでの「一対一」の関係性に限定・完結させるのではなく、両者をとりまく地域や自然環境、長い時間をも包含しながら、いわば関係性を拡散することで見えてくる当事者感覚である。さらに拡散させた関係性の一つとしての「家族」をとらえたものと金子論文をみると、より興味が広がるであろう。

このように時間・空間を環境として評価する視点は、最近になって関連領域からも注目されている。一つ例を挙げると、地域政策や社会保障の観点から幅広くケアをとらえる広井良典のケア概念がある。広井は、全国に約八万六千ヶ寺あるお寺や、約八万一千社ある神社に注目し、中学校区の一万校区と比べて、これらの「宗教的空間」を「社会資源」として新たなケアモデルの構築を目指している。広井は、神社やお寺の文化的空間性が、ケア活動を通じて新たな役割を獲得し、再生させるつながりを「鎮守の森・お寺・福祉環境ネットワーク（WESネット―Welfare, Environment（Ecology）and Spirituality Network）」として提示する。このような仮説は、現在のみでなく過去と未来を視野に入れた時間軸と、「人間の三世代モデル」という広井自身の問題意識から、個人（としての人間）の次元をベースに「コミュニティ（共同体）」「自然」「スピリチュアリティ」という諸要素を階層化させている。「コミュニティ」を独立した概念ととらえるのではなく、それを成り立たせている価値観として「自然」や「スピリチュアリティ」に言及している点は、ケアと宗教をめぐる新たな視座―時間と空間―の提起を可能にしたといえる。[3]

宗教とケアだからこその当事者感覚の豊かさ

ところで、まとめとして示した二つの視座は、本書で当初想定した構成の枠組みに収まりきれない結果にもとらえられるのはどういうことだろうか。つまり、第Ⅰ部で「橋を架ける」、第Ⅱ部で「絆を強める」としたのは、パットナムによる「橋渡し型(bridging)」と「結合型(bonding)」というソーシャル・キャピタルの分類に従った仮説であった。あえて単純化するならば、歴史的にケア実践への社会的評価のあるキリスト教や仏教系に対して、必ずしもそのような社会的な実績を目に見えて目指してこなかった神道系という意図的な枠組みである。しかしながら、そこから見いだせた視座は、ケアの関係性を「一対一」への集約にとらえる第Ⅰ部に対して、「一対一」から拡散した環境をも含めてとらえる第Ⅱ部というものであった。集約を結合ともいえるし、拡散を橋渡しとも置き換えると、当初の枠組みには限界があるのかもしれない。

すなわち、ここに宗教とケアだからこその当事者感覚の豊かさが存在する。ケアする側・される側の関係において当事者の感覚は、ズレることもあるし、重なることもある。現実的には、重なることの刹那をあきらめることなく追求しつつも、それが稀であることをお互いに受け止める(受容する)のである。ケアの現場を少しでも経験したことのある者であれば、感じるであろう矛盾と葛藤、そして喜びの混在にこそ、宗教とケアだからこその豊かな関係をとらえることができるのではないだろうか。

残された課題

残された課題は多くある。まずもって各章や鼎談の中でもたびたび触れられたことだが、ケアの専門化がより一層進められる流れの中で、宗教や宗教者の役割を、ある種の専門性をもつ者として、制度的社会的に位置づけることの困難さが挙げられる。医療を中心とした専門職のネットワークに、どのような形で加わるべきなのか、あるいは加わらずとも目の前にあるニーズに寄り添うことができるのか。根本的な問いかけを続ける必要がある。

しかしながら、そもそもケアの現場というのは、プロとアマの併存する空間といえる。すなわち、国家資格に基づいた医師やソーシャルワーカーが高度な技術を用いてニーズに対応するとともに、ボランティアの何気なくも人生経験や感覚に基づいた一言が課題を解決する突破口になることも稀ではない。専門性に固執するがゆえに、かえって解決を困難にすることだってありうることを我々は経験的に知っている。はたして宗教者はケアの現場にどのような立ち位置を創出できるのだろうか。

加えて、宗教の一般的イメージの問題がある。一般的に「心」をめぐるケアは尊重されるが、「宗教」への認識が肯定的であるとはいえない。被災地支援で注目される「心のケア」に宗教者が見逃せない役割を担っている事実――たとえば犠牲者のとむらいなど――がありながら、その一方で「心のケアお断り」といった張り紙が玄関に貼りだされることもあるという。被災地の支援については別の巻で扱うが、このような「心のケア」をめぐる課題の詳細については本書で十分に扱うことができなかった。

最後に、「まえがき」でも触れたように、現代社会において人が人にかかわることの本質を、宗教がどのように説明できるのかと問いかけるとき、宗教とケアは、あらゆる人間の営みにおいて普遍的なテーマといえる。本書に寄せられた論考やインタビューの一つひとつが、それぞれの答えに近づく一歩となればこれに過ぎる幸せはない。この瞬間にもケアへかかわる全ての人々を思うと同時に、ケアを求め続けている人々のもとにその手が少しでも早く届くことを心から願いながら、次なる実践に向き合いたい。

板井正斉

［注］

1 フェリックス・バイステック著、尾崎新／原田和幸／福田俊子訳『ケースワークの原則――援助関係を形成する技法』誠信書房、二〇〇六年。
2 一番ケ瀬康子ほか『福祉文化論』有斐閣ブックス、一九九七年。
3 広井良典『ケアのゆくえ科学のゆくえ』岩波書店、二〇〇五年、一六七頁。

金子珠理（かねこ　じゅり）
天理大学おやさと研究所嘱託研究員（天理ジェンダー・女性学研究室）。著書に『女性と宗教の近代史』（共著：三一書房、1995年）、論文に「『男女共同参画社会』における家庭教育振興政策」（『天理大学おやさと研究所年報』13号、2007年）など。

室田一樹（むろた　いつき）
岩屋神社宮司、岩屋福祉会理事長。著書に『保育の場に子どもが自分を開くとき ── 保育者が綴る14編のエピソード記述』（ミネルヴァ書房、2013年）、『保育の場で子どもを理解するということ ── エピソード記述から“しる”と“わかる”を考える』（ミネルヴァ書房、2016年）など。

[執筆者紹介]（執筆順）

金澤 豊（かなざわ　ゆたか）
龍谷大学実践真宗学研究科実習助手。博士（文学）。専門はインド仏教、現代宗教課題（教誨師を含む宗教者のケアに関する）研究。論文に「無明理解の変遷 —— パーリ『相応部』から『中論頌』注釈書まで」（『龍谷大学大学院文学研究科紀要』31号、2009年）など。

真名子晃征（まなこ　あきまさ）
浄土真宗本願寺派総合研究所研究助手。専門は中国浄土教、現代宗教課題。論文に「曇鸞の行論に関する一考察 ——『往生論註』所説の「五念門」と「十念」の関係」（『印度学仏教学研究』59-1、2010年）など。

柴田 実（しばた　みのる）
フェリス女学院大学非常勤講師。著書に、『病院チャプレンによるスピリチュアルケア —— 宗教専門職の語りから学ぶ臨床実践』（共著：三輪書店、2011年）、論文に「スピリチュアルケアと援助者の宗教性についての実証的研究」（『明治学院大学社会学部付属研究所年報』43、2012年）など。

宇野全智（うの　ぜんち）
曹洞宗総合研究センター専任研究員。同センター講師。「こころの問題研究プロジェクト」リーダー。山形県地福寺副住職。論文に「現代社会のニーズに応える寺院を目指して」（『曹洞宗総合研究センター学術大会紀要』第11回、2010年）、「こころの問題と寺院の役割」（『曹洞宗総合研究センター学術大会紀要』第13回、2012年）など。

野呂 靖（のろ　せい）
龍谷大学文学部准教授。認定NPO法人京都自死・自殺相談センター理事。博士（文学）。自死対策に関する論文に「自死問題と宗教者」（共著：『浄土真宗総合研究』4、2011年）。その他「智積院新文庫蔵『華厳五教章』注釈書類にみる中世後期の華厳学」（『印度学仏教学研究』60-2、2012年）など。

[編著者紹介]

葛西賢太（かさい　けんた）
上智大学グリーフケア研究所特任准教授、宗教情報センター研究員。博士（文学）。訳書に『アルコホーリクス・アノニマスの歴史』（共訳：明石書店、2020 年）、著書に『仏教心理学キーワード事典』（共編著：春秋社、2012 年）、『現代瞑想論―― 変性意識がひらく世界』（春秋社、2010 年）、『断酒が作り出す共同性―― アルコール依存からの回復を信じる人々』（世界思想社、2007 年）、『宗教学キーワード』（共編著：有斐閣、2006 年）など。

板井正斉（いたい　まさなり）
皇學館大学文学部教授。著書に『地域社会をつくる宗教』（共著：明石書店、2012 年）、『宗教とツーリズム』（共著：世界思想社、2012 年）、『ささえあいの神道文化』（弘文堂、2011 年）、『宗教と福祉』（共著：皇學館大学出版部、2006 年）など。

叢書　宗教とソーシャル・キャピタル 3
ケアとしての宗教

2013年4月5日　初版第1刷発行
2020年9月30日　初版第2刷発行

編著者　葛西賢太・板井正斉
発行者　大江道雅
発行所　株式会社　明石書店
〒101-0021　東京都千代田区外神田6-9-5
電 話 03（5818）1171
FAX 03（5818）1174
振 替　00100-7-24505
http://www.akashi.co.jp/

装幀　明石書店デザイン室
印刷　株式会社文化カラー印刷
製本　本間製本株式会社

（定価はカバーに表示してあります）　ISBN978-4-7503-3799-9